ESPACES

Rendez-vous avec le monde francophone

Mitschke • Tano • Thiers-Thiam

VISTA
HIGHER LEARNING

Boston, Massachusetts

ISBN-13: 978-1-59334-838-0
ISBN-10: 1-59334-838-X

1 2 3 4 5 6 7 8 9 M 11 10 09 08 07 06

Table of Contents

1
1. Je m'appelle Sylvie, et toi? 2. Il n'y a pas de quoi. 3. Comme ci, comme ça. 4. Enchanté. 5. Je vais bien, merci. 6. À tout à l'heure./Au revoir. 7. Monsieur Morel. 8. Au revoir!/À toute à l'heure!

2
1. Comment 2. revoir 3. tard 4. Bonne 5. moi 6. quoi 7. t'appelles/vas 8. présente 9. De 10. vais

3
1. officielle 2. officielle ou informelle 3. informelle 4. officielle ou informelle 5. informelle 6. officielle 7. informelle 8. officielle 9. informelle 10. officielle 11. informelle 12. officielle ou informelle

4
1. opposé 2. similaire 3. similaire 4. similaire 5. opposé 6. opposé 7. similaire 8. similaire 9. opposé 10. similaire

5
Order: 2, 5, 6, 4, 3, 1

ANNE Bonjour, madame. Je m'appelle Anne.

MADAME PRÉVOT Enchantée. Je m'appelle Madame Prévot.

ANNE Comment allez-vous?

MADAME PRÉVOT Je vais très bien, merci. Et vous?

ANNE Moi aussi, je vais bien. Au revoir, madame.

MADAME PRÉVOT À demain, Anne.

6 Answers will vary.

Espace structures

1.1

1
1. l' 2. la 3. la 4. le 5. l' 6. le 7. la 8. l' 9. le

Masculin: problème, objet, café, étudiant, bureau **Féminin:** amie, littérature, différence télévision

2
1. la 2. le 3. les 4. la 5. l' 6. les 7. la 8. le 9. les 10. le 11. la 12. les

3
1. les étudiants 2. l'amie 3. les librairies 4. le café 5. les bureaux 6. l'examen 7. une étudiante 8. des lycées 9. des chanteuses 10. une chose 11. des animaux 12. des instruments

4
1. l' 2. les 3. une 4. l' 5. des 6. un 7. la 8. un 9. les 10. une

5
1. l'actrice 2. une amie 3. un étudiant 4. un acteur 5. la chanteuse 6. le petit ami

6
Some answers may vary. Suggested answers: 1. l'ordinateur: C'est un ordinateur. 2. le lycée: C'est un lycée. 3. l'étudiant: C'est un étudiant. 4. les amies: Ce sont des amies. 5. la bibliothèque: C'est une bibliothèque. 6. la table: C'est une table.

1.2

1
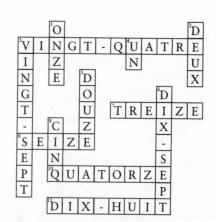

2
1. Il y a combien de bureaux? Il y a trois bureaux. 2. Il y a combien d'examens? Il y a vingt et un examens. 3. Il y a combien de professeurs de littérature? Il y a cinq professeurs de littérature. 4. Il y a combien d'amis? Il y a dix-huit amis. 5. Il y a combien d'acteurs? Il y a trente-trois acteurs. 6. Il y a combien de problèmes? Il y a douze problèmes. 7. Il y a combien de tableaux? Il y a cinquante-deux tableaux. 8. Il y a combien de cafés? Il y a neuf cafés. 9. Il y a combien de choses? Il y a soixante choses. 10. Il y a combien de tables? Il y a quarante-quatre tables.

Workbook

3 1. Il y a combien de personnes? Il y a quatre personnes. 2. Il y a combien d'ordinateurs? Il y a un ordinateur. 3. Il y a combien de télévisions? Il n'y a pas de télévision. 4. Il y a combien de filles? Il y a une fille.

Espace contextes

1

```
E  E R V I L  P L S R O
C  R O B I O D R T R O
I  I U S E E R C A T E
R  A I F O R S E T R A C
T  N F O R L S E T E C H A
A  N T R E S S N Y A I B
L  O C O R B E I L L E
U  I R P A E S F P O S
C  T A B L E A U O O I
L  C Y T U N E T F R C
A  I O C I A R O A E P
C  D N L A C L L C O L
```

Espace structures

2.1

1 1. vous, elle 2. vous, elles 3. tu, il 4. vous, ils 5. vous, il/elle 6. tu, elle 7. vous, il 8. vous, ils

2 1. Elle 2. Nous 3. Je 4. Il/Elle 5. Ils 6. Il 7. Vous 8. Elles

3 1. êtes étudiants 2. es à Paris 3. est acteur 4. sont copains 5. suis à la librairie

4 1. suis 2. sont 3. est 4. sommes 5. est 6. es

5 Answers may vary. Suggested answers:
1. C'est un garçon. 2. Ce sont des cahiers.
3. C'est un ordinateur. 4. Ce sont des femmes.
5. C'est un dictionnaire. 6. Ce sont des crayons.
7. C'est un homme. 8. C'est un professeur.

6 1. Oui, la France/elle est en Europe. 2. Oui, il est acteur. 3. Oui, elles sont chanteuses.
4. Oui, je suis étudiant(e). 5. Oui, ils sont intéressants.

Panorama

1 1. h 2. d 3. a. 4. b 5. f 6. c 7. e 8. g

2 1. Guadeloupe 2. Pologne 3. Belgique 4. Sénégal 5. Québec/Canada 6. Maroc

3 1. d 2. e 3. a 4. f 5. c 6. b

4 1. vrai 2. faux 3. vrai 4. faux 5. vrai 6. faux 7. vrai 8. vrai

4 1. cinq, onze 2. deux, seize 3. cinquante, zéro 4. vingt-six, trente 5. vingt-deux, quarante-quatre

5 1. quatre 2. sept 3. trente 4. Answers will vary. 5. Answers will vary. 6. Answers will vary.

6 Answers will vary.

Leçon 2

2 1. d 2. h 3. a 4. b 5. g 6. f 7. c 8. e

3 1. une femme 2. un garçon 3. une fille 4. des livres 5. un stylo

4 1. une horloge 2. une fenêtre 3. une porte
4. un professeur/une femme 5. des feuilles de papier 6. une étudiante/une fille 7. une chaise
8. un stylo 9. un livre 10. un sac à dos
11. une table 12. un étudiant/un garçon
13. un tableau 14. une corbeille à papier
15. une carte

5 1. crayons 2. classe 3. dictionnaire
4. corbeille à papier 5. fenêtre

2.2

1 1. d 2. h 3. a 4. g 5. b 6. c 7. e 8. f

2 1. agréable 2. pessimiste 3. sympathique
4. impatient 5. sincère 6. québécois
7. charmant 8. occupé

3 1. Bob et Jim sont américains. 2. Amani et Ahmed sont sénégalais. 3. Trevor est anglais.
4. Francine est québécoise. 5. Monika est allemande. 6. Maria-Luisa est italienne.
7. François et Jean-Philippe sont suisses.
8. Gabriela est mexicaine. 9. Yoko et Keiko sont japonaises. 10. Paul est canadien.

4 1. est amusant 2. est élégante 3. sont sympathiques 4. sont charmants 5. est brillant 6. sont sociables 7. sont réservés
8. est intelligent

5 Answers will vary.

Savoir-faire

5 1. le Québec 2. la Louisiane 3. l'Algérie
4. dans plus de 100 pays 5. la Louisiane
6. le Canada

6 1. le Québec 2. la France 3. la Suisse
4. Haïti 5. la Guinée 6. le Maroc

Unité 2

Leçon 3

Workbook

Espace contextes

1

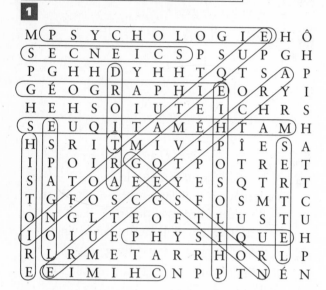

2　1. la biologie　2. un gymnase　3. le droit
4. l'architecture　5. les langues étrangères
6. l'informatique

3　1. l'histoire　2. l'art　3. la psychologie　4. la géographie　5. le français　6. le stylisme de mode　7. l'anglais/la littérature　8. la biologie 9. la philosophie　10. la physique

4　1. h　2. d　3. a　4. f　5. c　6. b　7. e　8. g

5　1. un gymnase　2. l'informatique　3. une note
4. les mathématiques　5. les études supérieures
6. les sciences politiques　7. l'art　8. une langue étrangère

6　Answers will vary.

Espace structures

3.1

1　1. travailles, travaille, travaillons, travaillez, travaillent　2. oublie, oublie, oublions, oubliez, oublient　3. mange, manges, mangeons, mangez, mangent　4. aime, aimes, aime aimez, aiment　5. commence, commences, commence, commençons, commencent　6. pense, penses, pense, pensons, pensez

2　1. mangent　2. parlons　3. étudie　4. adorez
5. travailles　6. déteste　7. regardent　8. aimes

3　1. J'habite à New York.　2. Nous mangeons une pizza.　3. Olivier et Sylvain aiment le cours de biologie.　4. Le professeur donne des devoirs.　5. Les élèves oublient les livres.
6. Tu rencontres des amis à l'école.

4　1. adore　2. donnent　3. étudie　4. partageons
5. travaille　6. aime　7. parle　8. retrouvons
9. regardons　10. cherches　11. adorent
12. pensent

5　Answers will vary.

3.2

1　1. Est-ce que vous êtes canadien?　2. Est-ce que tu regardes la télévision?　3. Est-ce qu'ils cherchent un livre à la bibliothèque?　4. Est-ce que nous arrivons à l'école?　5. Est-ce qu'elle parle chinois?

2　1. Sont-ils québécois?　2. Adorent-elles voyager?　3. Parles-tu espagnol?　4. Y a-t-il vingt-cinq étudiants?　5. Le professeur donne-t-il des devoirs difficiles?

3　1. Est-ce que les cours commencent demain?
2. Tu aimes/Vous aimez voyager, n'est-ce pas?
3. Y a-t-il un problème?　4. Est-ce que vous êtes étudiants?　5. Nous mangeons/On mange au resto U, d'accord?

4　1. Non, je n'étudie pas les sciences politiques.
2. Non, je ne cherche pas le stylo.　3. Non, je n'aime pas le chocolat.　4. Non, l'examen n'est pas facile./est difficile.　5. Non, je n'aime pas parler avec des amis.　6. Si, je suis sociable.

5　Answers will vary.

Workbook

Espace contextes

1 1. dimanche 2. le soir/l'après-midi 3. aujourd'hui 4. vendredi 5. après-demain 6. samedi

2 1. semaine 2. lundi 3. année 4. jours 5. dernier 6. mercredi

3 1. mercredi 2. lundi 3. dimanche 4. mardi 5. samedi 6. jeudi 7. vendredi

4 1. rentre 2. téléphone à 3. prépare 4. dîne 5. écoute 6. regarde

5 Answers will vary.

Espace structures

4.1

1 1. d'étudier 2. ans 3. des insectes 4. visiter la France 5. le matin 6. décembre

2 1. b 2. a 3. c 4. a

3 1. J'ai un ordinateur. 2. Vous avez trois cahiers. 3. Nous avons un professeur intéressant. 4. Tu n'as pas de palm. 5. Ils ont des calculatrices. 6. Jules et Odile ont un examen demain. 7. Yves n'a pas de problème. 8. Je n'ai pas les yeux bleus.

4 1. avons besoin 2. avez envie 3. ont tort 4. as de la chance 5. a froid 6. ai peur

5 1. a chaud. 2. a 21 ans. 3. ont envie de manger. 4. ont froid.

6 Answers will vary.

4.2

1 1. Il est cinq heures moins le quart. 2. Il est midi sept. 3. Il est huit heures moins deux. 4. Il est deux heures et quart. 5. Il est six heures et demie. 6. Il est une heure vingt.

2 1. 15h40 2. 6h00 3. 21h15 4. 12h00 5. 13h10 6. 10h45 7. 17h05 8. 23h50 9. 1h30 10. 22h00

3 1. midi et demie 2. une heure dix de l'après-midi 3. huit heures moins le quart du matin 4. onze heures moins dix du soir 5. neuf heures et quart du matin 6. sept heures moins vingt du soir 7. trois heures cinq du matin 8. trois heures et demie de l'après-midi

4 1. une heure moins vingt-cinq 2. une heure cinq 3. cinq heures vingt 4. huit heures et quart 5. quatre heures vingt

5 Answers will vary.

Panorama

1 1. faux 2. vrai 3. vrai 4. faux 5. vrai 6. faux 7. vrai 8. vrai 9. faux 10. vrai

2 1. c 2. a 3. b 4. a 5. b 6. b

3 1. industries 2. euro 3. héroïne 4. femme sculpteur 5. écrivain 6. maritimes 7. trains 8. actrices

Savoir-faire

4 1. Marseille 2. Lyon 3. Bordeaux 4. Le Havre 5. Strasbourg 6. Aix-en-Provence 7. Toulouse 8. Bourges

Unité 3

Espace contextes

1

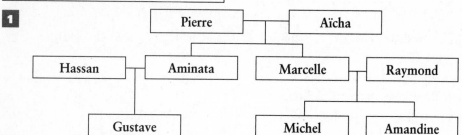

2 1. e 2. f 3. a 4. d 5. c 6. b

3

```
Q C L N N D Y L F É X T S D É
F Q É É I C X A A C E T Q I P
A U V L P S M R P N N G Y O O
X E É H I I I R A M D P O U
U I J V L B J O F I W X É R X
N I V L R O A N V F G R S C G
F F E M M E E T Q D A K L I V
N R I R T S Y D A P É S I L A
F K Z L T O R B É I G D F D E
J R F I L I K S M G R F Z J B
P Q T F J E I R P U P E H S Z
R E O S X O F Y P F H Y B S F
P G R A N D S P A R E N T S C
S T N E R A P I B X Z X V N W
J G A I I Q I F M X M X C L H
```

4 1. frère 2. divorcer 3. mari 4. tante 5. petits-enfants 6. fils

5 Answers will vary.

Espace structures

5.1

1 1. grande, roux 2. bruns, courts 3. jolie, laide 4. naïf, vieux 5. fière, beau 6. nouvel, curieux 7. brillants, sérieux 8. bleus, sociable

2 1. J'ai une grande famille. 2. Mon nouvel appartement est petit. 3. La grande salle de classe est vieille. 4. Ma jeune voisine est française. 5. La jolie actrice a un bon rôle. 6. Le gros chat a les yeux verts.

3 1. petit 2. longues 3. beaux/jolis 4. bonne 5. vieille/vieux 6. blonds 7. sociables 8. heureux

4 1. belle/jolie 2. châtains 3. raides 4. verts/bleus 5. grand 6. noirs 7. courts 8. heureux 9. vieil 10. nouveau 11. beau 12. vieille 13. sympathique 14. bonne

5 **Across:** 3. long 4. blondes 6. vert 7. nerveuse 9. jeune 11. gros **Down:** 1. chataîns 2. malheureux 4. bleue 5. court 8. vieux 10. noirs

5.2

1 1. mon 2. ton 3. nos 4. mon 5. son 6. leurs 7. notre 8. ma

2 1. Ma, mon 2. Leurs 3. votre 4. Tes 5. Mon, son 6. Son 7. Nos 8. Mes, leur

3 1. mon, mes 2. ses, ses 3. tes, ta 4. notre/nos, notre 5. leurs, leur 6. votre, vos 7. son, sa 8. ma, mes

4 1. Ses 2. Leurs 3. ses 4. Leur 5. Sa 6. Leurs 7. Ses 8. mon

5 1. Oui, j'adore mon université. 2. Mon frère est grand et brun. 3. Mes parents vont très bien. 4. Sa belle-sœur est d'origine italienne. 5. Nos cousines arrivent à sept heures du soir. 6. Oui, mes parents aiment beaucoup leur voisin. 7. Non, ses amis sont sociables. 8. Ton neveu est poli et sympa.

Workbook

Leçon 6

1 1. paresseux 2. cruel 3. gentil 4. génial 5. étranger 6. faible 7. généreux 8. prêt

2 1. artiste 2. athlète 3. journaliste 4. ingénieur 5. homme d'affaires 6. avocat 7. médecin/dentiste 8. architecte

3 1. prête, active 2. étranger, favorite 3. fous, pénible 4. jalouse, triste 5. paresseux, travailleur 6. méchants, cruels 7. génial, pénibles 8. gentille, modeste

4 1. faible 2. antipathique/cruel 3. active/travailleuse 4. lents 5. discrète 6. drôle/intéressant

5 1. Le dentiste et le médecin sont généreux et modestes. 2. L'avocate est généreuse et modeste. 3. L'artiste est étrangère et sympathique. 4. L'architecte est étranger et sympathique. 5. La journaliste et l'homme d'affaires sont ennuyeux et antipathiques. 6. L'avocat est ennuyeux et antipathique.

6 a. fatiguée b. femme d'affaires c. musicien d. inquiet e. courageux/courageuse. f. dentiste g. gentil/sociable h. rapide

Espace structures

6.1

1 1. soixante-quatorze 2. soixante-dix-huit 3. quatre-vingt-dix-huit 4. soixante et un 5. cent 6. quatre-vingt-cinq 7. quatre-vingt-trois 8. quatre-vingt-douze

2 1. soixante euros quatre-vingts 2. quatre-vingt-sept euros soixante-dix 3. quatre euros quatre-vingt-dix 4. soixante et un euros quatre-vingt-trois 5. neuf euros quatre-vingt-dix 6. huit euros quatre-vingt-neuf

3 1. Provins est à quatre-vingt-onze kilomètres de Paris. 2. Fontainebleau est à soixante-six kilomètres de Paris. 3. Beauvais est à soixante-dix-huit kilomètres de Paris. 4. Évreux est à quatre-vingt-seize kilomètres de Paris. 5. Épieds est à quatre-vingt-quatre kilomètres de Paris. 6. Pithiviers est à quatre-vingt-quatorze kilomètres de Paris. 7. Chartres est à quatre-vingt-huit kilomètres de Paris. 8. Soissons est à cent kilomètres de Paris.

4 1. Malika habite au quatre-vingt-dix-sept rue Bois des cars. 2. Amadou habite au soixante-six avenue du Général Leclerc. 3. Martine habite au soixante-treize rue Vaugelas. 4. Jérôme habite au quatre-vingt-un rue Lamartine. 5. Guillaume habite au cent rue Rivoli. 6. Nordine habite au quatre-vingt-onze rue Molière. 7. Géraldine habite au soixante-sept avenue Voltaire. 8. Paul habite au soixante-dix-huit rue de l'Espérance.

5 **Across:** 4. quatre-vingt-onze 6. quatre-vingt-deux 7. soixante-trois 8. quatre-vingt-neuf 9. soixante-seize **Down:** 1. quatre-vingt-huit 2. soixante-dix 3. quatre-vingt-dix-neuf 5. cent 6. quatre-vingt-dix

6.2

1 1. à côté 2. derrière 3. à droite de 4. près/à côté 5. en face de 6. sur 7. dans 8. sous

2 1. Chez 2. dans 3. près 4. juste à côté 5. Entre 6. en 7. sur 8. loin de

3 1. devant 2. dans 3. sur 4. à côté 5. près de 6. loin de 7. entre 8. dans

4

le restaurant universitaire · le lycée · la bibliothèque · le café · le dentiste · Chez Léon · chez moi · l'université

5 1. sous 2. derrière 3. à gauche de 4. loin de 5. dans 6. tout près de

6 1. sur le bureau 2. sous le bureau 3. entre le bureau et la corbeille à papier 4. à gauche du bureau 5. à droite du bureau 6. dans le bureau 7. derrière le bureau 8. loin du bureau

Panorama

1 1. Faux. La ville de Paris est grande si l'on compte ses environs. On peut visiter la ville très facilement à pied. 2. Vrai. 3. Faux. Il y a plus de cent cinquante musées à Paris. 4. Faux. Charles Baudelaire est un célèbre poète français. 5. Vrai. 6. Vrai. 7. Faux. Paris-Plage consiste en trois kilomètres de sable et d'herbe installés sur les quais de la Seine. 8. Faux. L'architecte américain I. M. Pei a créé la pyramide de verre qui marque l'entrée principale du musée. 9. Faux. Des entrées du métro sont construites dans le style Art Nouveau. 10. Vrai.

Unité 4

Espace contextes

1

Espace structures

7.1

1 1. vas 2. vais 3. va 4. allons 5. allez 6. vais 7. vais 8. allons

2 1. à la 2. en 3. au 4. au, à la 5. au

3 Answers will vary slightly. 1. Nous allons au parc. Nous allons explorer le parc.
2. Véronique va au gymnase. Elle va patiner.
3. Hélène et Marc vont à la piscine. Ils vont nager. 4. Annie et Sarah vont au cinéma. Elles vont regarder un film. 5. Vous allez à la montagne. Vous n'allez pas dépenser d'argent.

Savoir-faire

2 1. les catacombes 2. l'Arc de Triomphe 3. le Louvre 4. Paris-Plage 5. Édith Piaf 6. une affiche de cabaret

3 1. capitale 2. neuf millions 3. arrondissements 4. *La Joconde* 5. la tour Eiffel 6. Sous 7. les catacombes 8. sept millions 9. anciens cimetières 10. 1898

4 1. Victor Hugo 2. un maire 3. Rodin 4. des squelettes 5. l'Exposition universelle. 6. Art Nouveau **Voici trois industries principales de la France:** les finances, la technologie, le tourisme

Leçon 7

2 1. d; Elle danse dans une/en boîte de nuit.
2. e; Elle marche dans un parc. 3. f; Elle mange un couscous dans un/au restaurant.
4. a; Elle regarde un film français dans un/au cinéma. 5. c; Elle nage dans une/à la piscine.
6. b; Elle habite dans une maison.

3 1. un musée 2. un cinéma 3. un hôpital 4. un kiosque 5. un bureau 6. une église 7. un cinéma 8. une montagne

4 1. un kiosque 2. épicerie 3. cinéma 4. maison, passer chez 5. invite 6. gymnase 7. nager 8. bavarder

5 1. gymnase 2. piscine 3. maison 4. restaurant 5. dépenser de l'argent 6. musée 7. cinéma 8. danser

4 1. à 2. à 3. au 4. dans 5. à 6. au 7. à 8. à 9. sur

5 1. je vais étudier à la bibliothèque. 2. je vais chercher des oranges au marché. 3. je vais aller au cinéma. 4. je vais parler au prof de français. 5. je vais rencontrer Théo au café. 6. je vais aller au centre-ville. 7. je vais téléphoner à mes parents. 8. je vais commencer à étudier.

7.2

1 1. Comment est-ce que vous vous appelez? 2. Où est-ce que vous habitez? 3. Quel est votre cours favori? 4. À quelle heure est-ce que les cours commencent? 5. Quel est votre restaurant chinois préféré? 6. Quand est-ce que vous allez au marché? 7. Pourquoi est-ce que vous allez au gymnase le mardi soir? 8. Quelle heure est-il?

2 1. Comment 2. Où 3. Qu'est-ce que 4. Pourquoi 5. Quels 6. Combien

3 1. Quel 2. quelle 3. Quel 4. Quels 5. Quelles 6. Quel 7. Quels 8. Quelles

4 Answers may vary. 1. Comment ça va? 2. Quand est-ce que les cours commencent? 3. Quels cours est-ce que tu as? 4. Qui est ton professeur de chimie? 5. Où est-ce que tu habites? 6. quelle heure est-il?

5 Answers may vary. Suggested answers: 1. Qui va au marché dimanche? Où est-ce que Laëtitia va dimanche? 2. Combien d'étudiants y a-t-il à la terrasse du café? Où sont les étudiants? 3. Qui va manger au restaurant avec les nouveaux étudiants? Où vont-ils manger avec les nouveaux étudiants? 4. Où vas-tu samedi soir? Quand vas-tu en boîte?

Leçon 8

Espace contextes

1 **Boissons:** boisson gazeuse, café, chocolat, eau minérale, jus d'orange, (lait), limonade, thé. **Pains/desserts:** baguette, croissant, éclair, pain de campagne. **Produits laitiers:** beurre, fromage, lait. **Autres:** (beurre), jambon, sandwich, soupe, sucre.

2 1. b 2. c 3. a 4. c 5. b 6. a 7. b 8. c

3 1. un café 2. du sucre 3. un sandwich 4. des frites 5. une eau minérale 6. une limonade/une boisson gazeuse

4 1. un jus 2. le sucre 3. l'addition 4. un sandwich 5. des frites 6. une baguette 7. un serveur 8. un pourboire

5 1. une bouteille d' 2. un verre de 3. une tasse de 4. plusieurs 5. un peu de 6. un morceau de 7. pas assez de 8. tous les

Espace structures

8.1

1 1. prends 2. prendre 3. prenons 4. boivent 5. buvons 6. bois 7. boit 8. prennent 9. prenez 10. buvez

2 1. Je comprends le français et l'espagnol. 2. Fatima et Mourad apprennent le français. 3. Jacques boit un café le matin. 4. Abdel et Amandine boivent du thé le soir. 5. Vous apprenez l'italien. 6. Tu comprends le professeur de français.

3 1. prenons/buvons 2. prennent 3. prends 4. bois/prends 5. prennent 6. prends 7. boit 8. prenez

4 1. Je prends un café. 2. Vous prenez un sandwich. 3. Elles prennent une limonade. 4. Tu prends des frites. 5. Nous prenons une eau minérale. 6. Il prend deux croissants.

5 1. Je prends ma voiture pour aller à l'université. 2. Je prends un sandwich et une boisson gazeuse. 3. Mes amis boivent un café ou un thé. 4. Vincent et Élise boivent une limonade. 5. Oui, j'apprends le français. 6. Mes parents comprennent le français. 7. Non, je ne comprends pas le russe. 8. Je prends quatre cours.

8.2

1 1. du 2. du 3. du 4. du 5. du 6. de la 7. de l' 8. du

2 1. Est-ce que vous buvez du thé? Oui, je bois du thé. 2. Est-ce que vous prenez des croissants? Non, je ne prends pas de croissants. 3. Est-ce que vous prenez de la soupe? Oui, je prends de la soupe. 4. Est-ce que vous buvez de l'eau? Oui, je bois de l'eau. 5. Est-ce que vous prenez un sandwich? Non, je ne prends pas de sandwich. 6. Est-ce que vous prenez des frites? Oui, je prends des frites. 7. Est-ce que vous buvez du chocolat chaud? Non, je ne bois pas de chocolat chaud. 8. Est-ce que vous buvez du jus d'orange? Oui, je bois du jus d'orange.

Panorama

1 1. Mont-Saint-Michel 2. Carnac 3. Giverny 4. Bretagne 5. Normandie 6. Deauville

2 1. Les falaises d'Étretat 2. le Mont-Saint-Michel 3. Giverny 4. Guy de Maupassant

3 1. Faux. C'est au Mont-Saint-Michel qu'il y a les plus grandes marées d'Europe. 2. Vrai. 3. Vrai. 4. Faux. Le camembert est vendu dans une boîte en bois ronde. 5. Vrai. 6. Faux. Claude Monet est le peintre des «Nymphéas» et du «Pont japonais». 7. Faux. Il y a 3.000 menhirs et dolmens à Carnac. 8. Vrai.

4 1. Carnac est en Bretagne. 2. Les menhirs sont alignés ou en cercle. 3. Les menhirs ont une fonction rituelle. Les dolmens ont une fonction culturelle. 4. La fonction des menhirs est associée au culte de la fécondité ou à des cérémonies en l'honneur du soleil.

Unité 5

Espace contextes

1

3 1. du 2. de 3. de l' 4. du 5. des 6. du 7. un 8. du 9. de 10. de 11. le 12. du

4 Answers will vary.

Savoir-faire

5. La fonction des dolmens est associée au rite funéraire du passage de la vie à la mort. 6. Deauville est célèbre pour sa marina, ses courses hippiques, son casino, ses grands hôtels et son festival du film américain.

5

Leçon 9

2 à l'extérieur: aller à la pêche, le baseball, le football, le golf, marcher, skier. à l'intérieur: le basket, les échecs. à l'extérieur et à l'intérieur: (le basket), le tennis, le volley-ball.

3 1. la bande dessinée 2. indiquer 3. souvent 4. jamais 5. skier 6. le cinéma 7. bricoler 8. aller à la pêche 9. maintenant 10. longtemps

4 1. au football 2. au stade 3. au basket(-ball) 4. le golf 5. le football américain 6. aux cartes 7. les échecs 8. au cinéma

5 1. le basket(-ball) 2. le baseball 3. le volley(-ball) 4. le golf 5. le football américain 6. le tennis

6 Answers may vary slightly. Suggested answers: 1. Sandrine chante souvent. 2. David et Rachid jouent aux échecs deux fois par semaine. 3. David et Rachid jouent au football maintenant. 4. David et Sandrine marchent parfois dans le parc.

Workbook

Espace structures

9.1

1 1. fais 2. faisons 3. faire 4. fait 5. font
6. font 7. faites 8. fais

2 1. de l' 2. du 3. de la 4. de 5. du 6. une
7. du 8. la

3 1. faire de l' 2. jouer au 3. (jouer) au 4. faire
du 5. (faire) du 6. jouer au 7. faire du
8. (faire) une/de la 9. jouer aux 10. faire de la
11. jouer au 12. faire la

4 Answers may vary slightly. 1. Ils font du
jogging. 2. Il fait du vélo. 3. Elle fait la
cuisine. 4. Elle fait du sport./Elle fait de
l'aérobic. 5. Ils font du sport. 6. Il fait
la connaissance d'une fille./Elle fait la
connaissance d'un garçon.

5 Answers may vary slightly. 1. Il faut faire
une/de la randonnée. 2. Il faut faire la

Espace contextes

1 1. l'été 2. l'hiver 3. l'été 4. le printemps
5. l'automne 6. le printemps 7. le printemps
8. l'automne 9. l'hiver 10. l'été

2 Answers may vary slightly. 1. Il fait du vent
et il fait froid. La température minimum est
de 2 degrés. La température maximum est
de 5 degrés. 2. Il pleut et il fait chaud. La
température minimum est de 22 degrés. La
température maximum est de 25 degrés.
3. Il fait soleil et il fait chaud. La température
minimum est de 27 degrés. La température
maximum est de 31 degrés. 4. Le temps
est nuageux et il fait bon. La température

Espace structures

10.1

1 1. cent vingt-sept euros 2. cent quatre-vingt-
dix-neuf euros 3. deux cent trente-cinq euros
4. quatre cent cinquante et un euros 5. trois
cents euros 6. deux cent deux euros 7. quatre
cent quatre-vingts euros 8. trois cent soixante-
treize euros

2 1. 1534 2. 1791 3. 5.800.000 4. 591.000
5. 1.553.637 6. 7.568.640 7. 86.416.057
8. 41.507

3 1. cent quatre-vingt-dix-neuf plus huit cent
un font mille. 2. vingt huit mille moins treize

connaissance de nouveaux étudiants. 3. Il faut
faire du jogging. 4. Il faut faire du vélo. 5. Il
faut faire un tour en voiture.

9.2

1 1. dors 2. sortent 3. sors 4. courir
5. courent 6. sent 7. partir 8. partons
9. sens 10. sert

2 Answers may vary slightly. Suggested answers:
1. Il dort chez lui. 2. Il sort de sa maison.
3. Elle sent une tomate. 4. Elle part en train.
5. Elle sert un café. 6. Ils courent dans le parc.

3 1. sortent 2. partent 3. sert 4. courent
5. dort 6. sens 7. sors 8. part

4 Answers will vary.

Leçon 10

minimum est de 12 degrés. La température
maximum est de 20 degrés.

3 1. temps 2. degrés 3. imperméable 4. soleil
5. printemps 6. frais 7. avril 8. date
9. anniversaire 10. beau

4 1. Vrai. 2. Faux. Il fait soleil en été./Il fait un
temps épouvantable en hiver. 3. Faux. Quand
le temps est nuageux, il fait frais./il pleut./
Quand il fait beau, il fait soleil. 4. Vrai.
5. Vrai. 6. Faux. Avril, c'est au printemps.
7. Faux. Quand il fait 30 degrés, il fait chaud.
8. Faux. Answers will vary. L'automne/L'hiver/
Le printemps/L'été est ma saison préférée.

mille font quinze mille. 3. un million deux cent
quarante-huit mille trois cent quatre-vingt-onze
plus mille six cent neuf font un million deux
cent cinquante mille. 4. cinq cent soixante-seize
plus quatre cent vingt-quatre font mille.

4 1. Il y a cent un livres d'Ampâté Bâ. 2. Il y a
deux cent quatre-vingt-dix-neuf dictionnaires
français-anglais. 3. Il y a deux mille quatre
cent trente-cinq crayons. 4. Il y a trois mille
cent vingt-trois cahiers. 5. Il y a six mille sept
cent quatre-vingt-deux stylos.

5 Answers will vary.

10.2

1 1. achète 2. préfèrent 3. emploient 4. nettoie 5. espère 6. célèbre 7. envoyez 8. essayez

2 Answers may vary slightly. 1. Il envoie une lettre. 2. Elle nettoie la table. 3. Il essaie de comprendre. 4. Elle paie le monsieur./Elle achète un magazine.

3 1. espère 2. envoie 3. préfère 4. répétons 5. essayons 6. considèrent 7. payer 8. protèges 9. célébrons 10. achètes

Panorama

1 1. Jules Verne 2. George Sand 3. La Loire 4. Chambord

2 1. Le château de Chambord est construit au XVIᵉ siècle. 2. Le château de Chambord possède 440 pièces. 3. Les deux escaliers en forme de double hélice vont dans la même direction, mais ne se croisent jamais. 4. L'autre nom de la vallée de la Loire est la vallée des rois. 5. François Iᵉʳ inaugure le siècle des «rois voyageurs». 6. Les trois châteaux les plus visités sont Chenonceau, Chambord et Amboise.

3 1. Bourges 2. dizaines, milliers 3. Mans, endurance automobile 4. mille neuf cent vingt-trois (1923) 5. trois cent quatre-vingt (380) 6. quatre cent millions

4 1. Faux. Le tourisme est l'industrie principale du Centre. 2. Vrai. 3. Faux. George Sand est une femme. C'est un écrivain. 4. Faux. Léonard de Vinci influence l'architecture du

Unité 6

Espace contextes

1 Order may vary. 1. la bière, le vin 2. célibataire, marié(e) 3. l'enfance, la vieillesse 4. la mort, la vie 5. un hôte, des invités 6. un biscuit, un gâteau

2 1. logique 2. illogique 3. logique 4. logique 5. illogique 6. logique 7. logique 8. illogique

3 1. la naissance 2. l'enfance 3. l'adolescence 4. la jeunesse 5. l'âge adulte 6. la vieillesse

4 1. J'envoie des e-mails à mes amis et à mes professeurs. 2. J'amène mon ordinateur et des crayons. 3. Mon professeur emploie des livres en français. 4. Les étudiants sérieux préfèrent étudier à la bibliothèque. 5. Mon camarade de chambre et moi, nous achetons des CD de musique française. 6. Les étudiants répètent les mots parce qu'ils essayent d'avoir un bon accent. 7. Vous employez mon camarade de chambre. 8. Nous célébrons la Révolution française.

Savoir-faire

château de Chambord.
5. Faux. François Iᵉʳ va de château en château avec la cour et toutes ses possessions.
6. Vrai. 7. Faux. Yves Montand est un chanteur/un musicien. 8. Faux. Le Sauvignon et le Chardonnay représentent 75% de la production de vin dans la vallée de la Loire.

5

Crossword answers: VALOIS, PORSCHE, GEORGESAND, RENAISSANCE, AVRIL, TOURISME, GÉRARDDEPARDIEU, VIERZON, SERGEGAINSBOURG, CHARDONNAY, CHENONCEAU, VIGNERON

Leçon 11

4 1. férié 2. fêter 3. organise 4. bière 5. cadeau/gâteau 6. cadeau/gâteau

5 1. d 2. b 3. c 4. g 5. e 6. a 7. f

6 Answers will vary.

Espace structures

11.1

1 1. cette 2. Ce 3. cette 4. Cet 5. ces 6. ces

2 1. ce cadeau 2. Cette limonade / Cette boisson
3. Cette glace 4. Ces bonbons 5. Ces boissons
6. Ce gâteau

3 1. ci 2. ci 3. là 4. ci 5. là

4 Order may vary. 1. Ce cadeau est petit mais
il est sympa. 2. Cet après-midi, on va fêter
l'anniversaire d'Hervé. 3. Cette glace est
parfumée au chocolat. 4. Ces glaçons sont pour
les boissons. 5. Ces choses vont sur la table.

5 Answers will vary.

11.2

1 1. à la fête de Julie 2. à la fête de Julie
3. ailleurs 4. à la fête de Julie 5. ailleurs

Espace contextes

1 1. un sac à main 2. des lunettes de soleil
3. une casquette 4. une chaussure 5. un
chapeau 6. des chaussettes

2 Answers may vary. Suggested answers: **En été,
on porte...** 1. une chemise à manches courtes
2. des lunettes de soleil 3. un maillot de
bain 4. un short 5. un tee-shirt **En hiver, on
porte...** 1. un anorak 2. une écharpe 3. des
gants 4. un manteau 5. un pull

Espace structures

12.1

1 1. a 2. d 3. a 4. b 5. c 6. d 7. a 8. b

2 1. *indirect object:* ma sœur *rewritten sentence:*
Chaque hiver, je lui envoie un pull par la poste.
2. *indirect object:* none 3. *indirect object:*
vendeurs *rewritten sentence:* Nous leur posons
des questions. 4. *indirect object:* none 5. *indirect
object:* ta mère *rewritten sentence:* Tu vas lui
montrer ton nouveau pantalon? 6. *indirect object:*
mon père *rewritten sentence:* Je vais lui donner
cette montre pour son anniversaire.

3 1. t' 2. m' 3. t' 4. nous / m' 5. vous 5. m'

4 1. Tu ne me téléphones pas très souvent. 2. Il
va nous expliquer le problème. 3. Pourquoi tu
ne lui parles pas?/Pourquoi ne lui parles-tu pas?
4. Rodrigue n'aime pas leur prêter de l'argent.
5. Mireille ne lui a pas laissé de pourboire.
6. Je vais te montrer quelque chose.

6. ailleurs 7. à la fête de Julie 8. ailleurs 9. à
la fête de Julie 10. à la fête de Julie

2 Answers may vary. 1. donné un cadeau
2. mangé de gâteau 3. dormi 4. plu 5. pris
des photos 6. mangé

3 1. organisé 2. couru 3. pris 4. surpris
5. payé 6. oublié 7. cherché 8. été

4 Answers will vary. Suggested answers:
1. Qu'est-ce que tu as apporté à la fête?
2. Qu'est-ce que vous avez fait hier soir ?
3. Tu as étudié pour l'examen de maths?
4. Vous avez nettoyé la cuisine hier? 5. Tu as pris
une glace? 6. Est-ce qu'il a fait beau ce matin?

Leçon 12

3 Answers will vary.

4 1. Elle aime 2. Elle aime 3. Elle n'aime pas
4. Elle n'aime pas 5. Elle aime 6. Elle aime

5 Answers may vary slightly. Suggested answers:
1. orange et noirs 2. marron 3. blancs, gris
ou noirs 4. jaunes 5. blanc 6. rouges, orange,
jaunes ou verts 7. bleu, gris ou noir 8. violettes

6 Answers will vary.

5 Answers will vary. Suggested answers: 1. Oui,
je leur téléphone une fois par semaine.
2. Non, je ne lui envoie pas de lettres. 3. Non,
je ne leur prête pas d'argent. 4. Oui, je lui
pose beaucoup de questions.

6 1. Moi 2. toi 3. elle 4. eux 5. lui 6. elles

12.2

1 1. oui 2. non 3. non 4. oui 5. oui 6. non

2 1. mis 2. perdu 3. attendu 4. conduit

3 Answers will vary. Suggested answers:
1. met un short 2. mettons un imperméable
3. mettez un jean 4. mettent des gants 5. mets
un chapeau 6. mets un maillot de bain

4 1. conduit 2. construisons 3. traduisez
4. réduit 5. construisent 6. détruis
7. conduire 8. produisons/détruisons

5 1. sourions 2. sourient 3. sourit 4. souriez
5. souris

6 Answers will vary.

Panorama

1 1. c 2. b 3. e 4. a 5. d

2 1. Bordeaux 2. Lascaux 3. Nîmes
4. Languedoc 5. Basque 6. cassoulet 7. corridas

```
L D S R W N O I Q L J B E I M
J A L É F T R I H C O J U J D
T A N Y Y D T F E R N M Q N Y
N X C G X G C G D G Y A S O N
V G A M U U D E G S D G A T Y
R C A A U E A M A M B V B S V
W U S M S U D C Z K V A E A M
E P O X X K C O S C V M N J V
H L U X P D R A C A Î Y A J A
R Z L O W K H F F N L R U B T
A C E I Q N H U H M V F L J Q
S H T S A D I R R O C Y P V É
X D K F K Z D K B P W V F G R
D I Z U M R D Y Î E Û C V L A
Z I L Q N D C V W M C Q C Y O
```

Unité 7

Espace contextes

1 1. une sortie 2. la station de ski 3. un journal
4. bronzer 5. les vacances 6. le voyage
7. travailler 8. le plan

2 1. Chine 2. États-Unis 3. Italie 4. Allemagne
5. Japon 6. Espagne 7. Suisse 8. Irlandais
9. Irlande 10. Belgique 11. Belges
12. Chinois 13. Brésiliens 14. Brésil
15. Canada 16. Angleterre

Espace structures

13.1

1 1. suis 2. a 3. a 4. est 5. a 6. a 7. a 8. est

2 1. sommes; lors des vacances 2. est; à un autre
moment 3. sont; lors des vacances 4. est; lors
des vacances 5. êtes; à un autre moment
6. suis; lors des vacances

3 Answers will vary. Possible answers: 1. Il n'est
pas mort. Il est à l'hôpital. 2. Elle n'est pas
partie. Elle est chez elle maintenant, avec son
mari. 3. Il n'est pas tombé dans un trou. Voilà
Jean-Marie maintenant. Il va bien! 4. Vincent
n'est pas le premier d'une famille de dix
enfants. Il a un frère et une sœur. 5. Samuel
n'est pas sorti avec la copine de Luc. Il est sorti

Savoir-faire

3 1. la cité de Carcassonne 2. les arènes de
Nîmes 3. la grotte de Lascaux 4. le canal
du Midi

4 1. Henri de Toulouse-Lautrec 2. animaux
3. amphithéâtre 4. Aquitaine 5. Jean Jaurès
6. Méditerranée

5 Answers may vary. Suggested answers: 1. Je
t'écris de <u>Toulouse</u>, une ville de la région qu'on
appelle Midi-Pyrénées. 2. Pour commencer,
jeudi, on va visiter la fameuse grotte de
Lascaux, où l'on va apprécier des fresques
mystérieuses qui sont vieilles de plus de <u>17.000</u>
ans. 3. Vendredi, on va assister à un match de
<u>pelote basque</u>. 4. Samedi, on va faire un tour
du canal sur Midi et goûter des spécialités de
la région, le <u>foie gras</u> et le cassoulet. 5. Et puis
dimanche, on va assister à un spectacle musical
aux arènes de <u>Nîmes</u>.

Leçon 13

3 1. le métro/le train 2. l'/un avion 3. le/un
bateau 4. le/un bus 5. un taxi

4 1. vacances 2. pris 3. roulé 4. plan 5. gens
6. bus 7. voiture 8. shopping

5 Answers will vary. Possible answers: 1. la
France et l'Italie 2. dormir, aller au cinéma et
bronzer 3. l'avion 4. le bus 5. 27 mars, 1er
avril 6. rester chez moi

avec Marie-Lou. 6. Mais si, elle est rentrée
très tard, vers deux heures du matin.

4 1. Joëlle et Olivier/Olivier et Joëlle ne sont pas
encore passés chez nous. 2. Tu as bien fait
tes devoirs. 3. Les élèves sont déjà rentrés de
vacances. 4. Mathilde n'est pas encore sortie
de l'école. 5. Samia a vite appris la leçon.

5 Answers will vary. Possible answers: 1. Je suis
sorti(e) de la maison vers dix heures, ce matin.
2. Je suis arrivé(e) à la fac à onze heures.
3. Oui, je suis passé(e) par Couleur café. 4. Je
suis resté(e) trente minutes au café. 5. Oui,
j'ai pris un sandwich dans un restaurant. 6. Je
vais rentrer vers cinq heures de l'après-midi.

Workbook

Workbook

13.2

1 1. vous 2. m' 3. t' 4. vous 5. t' 6. l'

2 Answers will vary. Suggested answers: 1. le cadeau 2. les devoirs 3. les livres 4. l'écharpe 5. les baskets 6. la maison

3 1. Nous préférons les faire mercredi matin. 2. On ne va pas le visiter quand on est à Nice? 3. Au Café Grenoblois, on va l'essayer.

Espace contextes

1 1. l'ascenseur 2. le client 3. la cliente 4. la clé 5. l'hôtelier 6. la chambre

2 1. faux 2. faux 3. vrai 4. vrai 5. faux 6. vrai 7. faux 8. faux

3 Answers may vary. Suggested answers: Ce matin, Charles est passé par une agence de voyages pour faire des réservations. Un <u>agent de voyages</u> très sympa l'a aidé à organiser le voyage. Pour commencer, ils ont trouvé des billets aller-retour Paris-Nice et ils les <u>ont réservés</u>. Puis, l'agent a téléphoné à des hôtels à <u>Nice</u> pour demander s'il y avait des chambres <u>libres</u> pour son client et il a fait une

Espace structures

14.1

1 1. une bonne résolution 2. une mauvaise résolution 3. une bonne résolution 4. une bonne résolution 5. une bonne résolution 6. une mauvaise résolution 7. une bonne résolution 8. une bonne résolution

2 1. choisissons 2. choisis 3. choisissent 4. choisis 5. choisissez 6. choisit

3 1. grossit 2. finissent 3. maigris 4. réussir 5. réfléchissez 6. choisissons 7. réussis 8. réfléchir

4 1. maigri 2. choisi 3. fini 4. dormi 5. grossi 6. partie

5 Answers will vary. Possible answers: 1. Vous avez maigri, Madame Leclerc? 2. Quelles chaussures est-ce que tu as choisies, finalement? 3. Vous avez fini le document? 4. Tu as réussi à trouver tes clés hier soir? 5. Est-ce que vous dormez assez? 6. Est-ce que tu as grossi?

4. Il faut le regarder pour notre cours de français. 5. Vous aimez le fréquenter, mademoiselle?

4 1. d 2. h 3. b 4. a 5. g 6. c 7. e 8. f

5 1. s 2. es 3. e 4. (*no ending*) 5. e 6. (*no ending*)

Leçon 14

réservation pour une chambre individuelle, à l'hôtel Matisse. Après, Charles a demandé le numéro de téléphone de <u>l'hôtel</u> et l'agent le lui a donné. Finalement, Charles est reparti très content. Une semaine à Nice!

4 1. Avant 2. Alors/Pendant 3. Tout de suite/ Tout à coup/Ensuite/Puis 4. puis 5. Après 6. D'abord 7. tout à coup 8. Finalement/Enfin

5 1. dixième 2. rez-de-chaussée 3. quarante-septième; quarante-huitième 4. vingt et unième 5. vingt-sixième 6. vingt-cinquième 7. dix-neuvième 8. premier 9. vingt-quatrième 10. quarante-troisième

14.2

1 1. mets/prends 2. Donne/Achète 3. Marchons/ Marche/Allons/Va 4. Prenez/Mettez 5. Allons 6. Sois

2 Answers may vary. Suggested answers: 1. Achetez un nouveau pantalon. 2. Ne mange pas tout ça—c'est trop! 3. Va à l'hôpital! 4. Prenez quelque chose d'autre. 5. N'arrivez pas en retard 6. Commandons une salade.

3 1. Fais-les la veille de ton départ. 2. Ne leur parle pas. 3. Ne les oublie pas. 4. Téléphone-leur une fois par semaine. 5. Prends-le quand tu quittes ta chambre. 6. Demande-lui s'il y a un ascenseur à l'hôtel.

4 1. b 2. a 3. c 4. c 5. a 6. d

5 1. a écrit 2. écris 3. décrivez 4. décrit 5. écrivez/avez écrit 6. ai décrit

Panorama

1 1. d 2. f 3. b 4. a 5. c 6. e

2 Answers will vary. Suggested answers:
1. À Grasse, on cultive les fleurs pour la parfumerie française. 2. Les touristes adorent la promenade des Anglais à Nice. 3. Chaque année, en mai, il y a le Festival International du Film à Cannes. 4. La ville de Grenoble permet d'accéder aux grandes stations de ski alpines. 5. En Camargue, il y a des chevaux blancs, des taureaux noirs et des flamants roses. 6. À Avignon, les touristes visitent le palais des Papes.

3 1. faux 2. vrai 3. faux 4. faux 5. vrai
6. vrai 7. vrai 8. faux

4 1. L'agriculture/La parfumerie 2. Moyen Âge
3. violette, lavande, rose 4. Molinard

5 1. Avignon 2. Marseille 3. Grasse
4. Grenoble 5. Nice 6. Cannes

Savoir-faire

6 1. gardians 2. flamant rose 3. taureaux
4. blanc

```
F A R E B C D U Î G A E J G F
X L B K T L F Y M P J S Z A W
Z P A I F F H L M U W O C R J
S N C M B Â Y J G Q J R N A J
G Z W N A E N F J Q I P A D X A
A R N X S N C P T S É A L I A
T Y O A A H T A L M U O B N U
R V T Q H Z U R L B K U C S L
O C H B O R S Q O M E N P Z V
H J M E E C T C B S J F S R X
Q Z I A N C D U U E Q P Q B
J H U K C X A I Z H U L Y X O
I X W É T A N G S V E R Z A Q
S U Y A X G Y G A W H W M O C
C D X I O I W D O S I A R A M
```

Unité 8

Espace contextes

1 1. le balcon 2. la chambre 3. la cuisine 4. le salon 5. la lampe 6. le garage 7. le jardin 8. le fauteuil 9. le rideau 10. l'étagère

2 1. emménagent 2. loyer 3. le salon 4. sa chambre 5. une salle de bains 6. le jardin 7. un garage 8. le tiroir

3 1. emménager 2. déménages 3. chambre 4. étagère 5. armoire 6. salle de bains 7. cuisine 8. loue

Espace structures

15.1

1 1. mal 2. intelligemment 3. généreusement 4. discrètement 5. activement 6. méchamment 7. dernièrement 8. vite

2 1. franchement 2. constamment 3. couramment 4. joliment 5. absolument 6. souvent 7. activement 8. rapidement

3 1. Est-ce que vous parlez français fréquemment? Oui, je parle français tous les

Leçon 15

4 1. Elle est dans la cuisine. 2. Il est dans la chambre. 3. Ils sont dans la chambre/le salon/la salle de séjour. 4. Il est dans le garage. 5. Il est dans la cave. 6. Il est dans la salle de bains. 7. Vous êtes dans le salon/la salle de séjour/la salle à manger. 8. Nous sommes dans le jardin.

jours. 2. Étudiez-vous avec vos amis à la bibliothèque? Oui, j'étudie de temps en temps, avec mes amis, à la bibliothèque. 3. Est-ce que vous étudiez sérieusement pour l'examen? Oui, j'étudie très sérieusement pour l'examen. 4. Avez-vous facilement trouvé un appartement? Oui, j'ai vite trouvé un appartement. 5. Faites-vous fréquemment la fête avec vos voisins? Non, je fais rarement la fête avec mes voisins. 6. Prenez-vous rapidement votre petit-déjeuner dans la cuisine? Oui, quelquefois, je prends rapidement mon petit-déjeuner dans la cuisine. 7. Est-ce que vous mangez bien à l'université? Non, en général, je mange mal à l'université. 8. Attendez-vous impatiemment les vacances? Oui, j'attends impatiemment les vacances d'été.

4 1. nerveusement 2. nouvellement 3. vraiment 4. joliment 5. indépendamment 6. mal 7. bien 8. rapidement/vite

5 1. récemment 2. Malheureusement 3. fortement 4. difficilement 5. activement 6. rarement 7. modestement 8. rapidement

15.2

1 1. étions 2. avait 3. finissaient 4. allaient 5. étudiais 6. travaillait 7. était 8. parlions 9. disaient 10. fallait 11. avaient 12. pensaient

2 1. faisions une randonnée 2. dormais 3. travaillait 4. skiions 5. allait à la pêche

---

Espace contextes

1 1. salir 2. enlever la poussière 3. faire le ménage 4. un frigo 5. un oreiller 6. une tâche ménagère 7. un balai 8. un sèche-linge

2 1. Il passe l'aspirateur. 2. Il fait le lit. 3. Il sort la poubelle. 4. Elle balaie.

3 1. c 2. b 3. b 4. b 5. c 6. a 7. c 8. b

4 1. passer l'aspirateur 2. oreiller 3. ranger 4. balayer 5. sortir la poubelle 6. sèche-linge

---

Espace structures

16.1

1 1. balayais 2. a balayé 3. faisais le ménage 4. a fait le ménage 5. mettaient la table 6. a mis la table 7. rangeais 8. a rangé 9. sortait la poubelle 10. ont sorti la poubelle

2 Answers may vary. Suggested answers: 1. ont exploré/visité Aix 2. jouaient aux échecs dans le salon 3. passait l'aspirateur dans le couloir 4. a nagé 5. faisait du vélo dans le parc 6. a fait la cuisine

3 1. suis rentré 2. faisait 3. neigeait 4. était 5. passait 6. ai demandé 7. a dit 8. étais 9. fallait 10. ont aidés

6. apprenais 7. pleuvait, regardais un film 8. passais, bavardions

3 1. mangeais 2. buvais 3. étudiais 4. écrivais 5. nageais 6. jouais au basket 7. faisais du vélo 8. jouais de la guitare

4 1. Maintenant, j'étudie le français. Avant, j'étudiais l'économie. 2. Maintenant, je parle le français et l'espagnol. Avant, je parlais seulement le français. 3. Maintenant, je suis travailleur/travailleuse. Avant, j'étais naïf/naïve. 4. Maintenant, je fais des randonnées. Avant, je patinais. 5. Maintenant, j'ai envie de connaître le Sénégal. Avant, j'avais peur de voyager. 6. Maintenant, je pense que le Sénégal est un pays intéressant. Avant, je pensais que le Sénégal était un pays comme les autres. 7. Maintenant, je paie mes études. Avant, mes parents payaient mes études. 8. Maintenant, je finis l'année universitaire en mai. Avant, je finissais l'année universitaire en juin.

Leçon 16

7. propre 8. congélateur 9. cafetière 10. débarrasser 11. essuyer 12. fer à repasser
Words with accents to be written out:
6. sèche-linge 8. congélateur 9. cafetière 10. débarrasser 12. fer à repasser

5 Answers will vary.

4 1. Que faisait Karim quand Éric a sorti la poubelle à 9h00? Karim était dans la cuisine. Il nettoyait l'évier. 2. Que faisiez-vous quand Tao est sortie avec ses amis? J'étais dans le salon. Je repassais le linge. 3. Que faisait Xavier quand Amadou est allé au cinéma? Xavier était dans la bibliothèque. Il lisait. 4. Que faisait Françoise quand Stéphanie est partie pour le gymnase? Françoise était dans sa chambre. Elle faisait la poussière. 5. Que faisait Maïté quand Anne a balayé le garage pour la première fois? Maïté était dans le salon. Elle rangeait les magazines. 6. Que faisait Béatrice quand Malika a rapidement essuyé la table? Béatrice était dans le garage. Elle faisait la lessive. 7. Que faisait Jacques quand Tristan est rentré? Jacques était dans la cuisine. Il balayait. 8. Que faisait Hassan quand Véronique a quitté la résidence? Hassan était dans la salle de bains. Il lavait la baignoire.

5 1. étais 2. rendais 3. ai passé 4. faisait 5. avons décidé 6. était 7. n'avons pas tout visité 8. n'avions pas 9. sommes allés 10. sommes rentrés

16.2

1 Answers may vary. Suggested answers: 1. ne sait pas où il est. 2. ne connaît pas les maths. 3. sait nager. 4. le connaît. 5. sait faire la cuisine. 6. savent jouer aux échecs.

Panorama

1 1. Albert Schweitzer 2. la choucroute 3. Jeanne d'Arc 4. la place Stanislas

2 1. 1412, 1431 2. 1920 3. 1429 4. 1949 5. 1979 6. 1678 7. 1952 8. 1919

3 1. avait 2. a décidé 3. a pris 4. a libéré 5. ont vendu 6. était 7. ont condamnée 8. étaient 9. a rendu

4 Answers may vary slightly. Suggested answers: 1. L'Alsace produit du vin et de la bière. 2. Auguste Bartholdi est le sculpteur de la statue de la Liberté. Il est originaire d'Alsace. 3. La place Stanislas est la grande place pittoresque de Nancy. 4. L'Alsace et le département de la Moselle ont changé de nationalité quatre fois depuis 1871. 5. La choucroute est un

Unité 9

Espace contextes

1 1. des escargots 2. une orange/une pomme 3. des tomates 4. des carottes 5. des œufs 6. des petits pois 7. de l'ail 8. une banane

2 1. l'ail 2. le riz 3. une carotte 4. un petit-déjeuner 5. un champignon 6. une cantine 7. un aliment 8. une pomme de terre

2 1. sait 2. sait 3. connais 4. connaissez 5. savent 6. sait 7. connais 8. connaissons

3 1. Chuyên connaît mon camarade de chambre, Marc. 2. Mon camarade de chambre sait conduire. 3. Je connais le garage où il gare sa voiture. 4. Marc connaît le propriétaire du garage. 5. Le propriétaire du garage sait parler français et vietnamien. 6. Chuyên connaît le centre franco-vietnamien. 7. Je sais que Tûan habite près du centre. 8. Nous connaissons Tûan.

4 1. connaissais 2. savais 3. connaissais 4. savais 5. savait 6. connaissais 7. savais 8. connaissais 9. savais 10. connais

5 1. savez 2. connaissez 3. ai connu 4. connais 5. reconnaît 6. savais 7. sais 8. connais

Savoir-faire

plat typiquement alsacien. Son nom vient de l'allemand «sauerkraut». 6. La choucroute se conserve longtemps grâce à la fermentation. 7. La langue alsacienne vient d'un dialecte germanique. 8. Le Parlement européen contribue à l'élaboration de la législation européenne et à la gestion de l'Europe.

5 1. Vrai. 2. Faux. Georges de La Tour est un peintre du dix-septième siècle. 3. Faux. Patricia Kaas est une chanteuse originaire de Lorraine. 4. Vrai. 5. Faux. La choucroute est fermentée avec du gros sel et des baies de genièvre. 6. Vrai. 7. Vrai. 8. Faux. La langue alsacienne est enseignée aujourd'hui dans les écoles primaires.

Leçon 17

3 1. Malika a demandé une pêche, mais il lui a donné une poire. 2. Soraya a demandé une tomate, mais il lui a donné un oignon. 3. Daniel a demandé du pâté, mais il lui a donné des œufs. 4. Rafaël a demandé un poivron rouge, mais il lui a donné des champignons.

4

```
E E F U T N S C T P V S L S O
C N V R O N U V R G G F R T V
C X G N U I E Y U Z Z E N E W
Q V G A S I X M Y W N E R V N
E I T I P Z T J I U E S K V O
O F N D T M G S E L I L S T U
R E P A S B A J D P A A R F R
R S C I E A E C N E F R F O R
X V S Z G D M A E J M F H C I
T H O D T J E A K D O E Q I T
Q B P I V H N E O I E E R R U
F O T T O G R A C S E T W A R
X E E N P A E Y R K I W Â H E
P O M M E D E T E R R E W P Z
X F X B G L L D K D Z O A Y E
```

Espace structures

17.1

1 1. venais 2. venaient 3. suis venu 4. venais d'
5. venir 6. venaient de 7. viens d' 8. venons

2 1. Sonia vient de manger une salade/de la/une
laitue. 2. Vous venez de manger des fruits. 3. Tu
viens de manger des fruits de mer. 4. Thomas et
Sylvia viennent de manger du poulet.

3 1. sommes revenu(e)s 2. viens d'/suis venu(e)
3. devenait 4. Tenez 5. vient d' 6. devenir

4 1. J'ai étudié à l'Université d'Abidjan-Cocody
pendant trois ans. 2. J'ai décidé de venir ici il
y a quatre ans. 3. J'étudie ici depuis deux ans.
4. Je ne suis pas retourné chez moi, au Sénégal,
depuis l'été dernier. 5. Je n'ai pas parlé avec
mes amis d'enfance depuis ma dernière visite.
6. Mes amis promettent de venir me rendre
visite depuis mon départ. 7. Nous avons
choisi la date de leur visite il y a deux mois
déjà. 8. Mon camarade de chambre a appris le
baoulé pendant le semestre dernier.

5 1. J'étudiais le français depuis quatre ans
quand je suis arrivé(e) ici. 2. J'ai entendu
parler de votre programme il y a deux
mois. 3. J'étudie chaque jour pendant
plusieurs heures. 4. J'ai habité dans un pays
francophone pendant un mois. 5. J'ai décidé
de partir en France il y a un mois. 6. J'attends
mon entretien depuis une demi-heure.

5 1. salade 2. tomate 3. champignons
4. poivrons 5. thon 6. cuisiner 7. escargots
8. bœuf 9. haricots 10. tarte 11. poires
12. supermarché

17.2

1 1. ne veut pas, doit 2. veulent, ne peuvent pas
3. doit, doit 4. voulez bien, devez 5. peux,
veux 6. doivent, veulent

2 1. devais 2. n'ai pas pu 3. ai dû 4. n'a pas
voulu 5. ai pu 6. a bien voulu 7. a pu 8. a dû

3 Answers may vary slightly. Suggested answers:
1. Ils ont dû faire du sport. 2. Il doit revenir
de vacances. 3. Ils ont dû regarder un film
amusant. 4. Ils ont dû regarder avant de
traverser la rue.

4 Answers may vary slightly. Suggested answers:
1. Laëtitia a dû/devait partir à 7h00 pour rendre
visite à ses parents. 2. Marc devait venir, mais
il est malade. 3. Charlotte et Vincent devaient
faire un exposé, mais ils n'ont pas étudié. 4. Vous
n'avez pas voulu/ne vouliez pas venir parce que
vous êtes/étiez fatigués. 5. Elles n'ont pas pu
arriver à l'heure parce que le train était en retard.
6. Tu voulais venir, mais tu n'as pas entendu le
réveil. 7. Hakhmed pouvait venir, mais il a oublié.
8. Karine voulait venir, mais elle a manqué le bus.

5 1. «Aliment» veut dire «nourriture». 2. Je dois
faire les courses avant de cuisiner. 3. Les fruits
doivent être délicieux. 4. J'ai dû oublier d'acheter
des oignons. 5. Fatima et Karim ont dû trop
manger hier. 6. Marc n'a pas voulu manger les
escargots. 7. Oui, ils veulent bien dîner avec
Chloé. 8. Nous pouvons manger à 7h00.

Espace contextes

1 1. une assiette 2. un couteau 3. une fourchette 4. une serviette 5. une carafe d'eau 6. une cuillère

2 **à la boucherie:** du bœuf, du porc, un poulet, un steak (du jambon, une saucisse) **à la boulangerie:** une baguette, un croissant, du pain **à la charcuterie:** du jambon, du pâté, une saucisse **à la pâtisserie:** un éclair, un gâteau **à la poissonnerie:** des fruits de mer, du thon

3 1. être au régime 2. une carte 3. une pâtisserie 4. un menu 5. une nappe 6. un bol 7. une serviette 8. une tranche

4 1. À table! 2. une nappe 3. une serviette 4. une entrée 5. une cuillère 6. une pâtisserie 7. une boîte de conserve 8. commander 9. compris 10. régime

5 Answers may vary slightly. Suggested answers: a. le menu/la carte b. une entrée c. une carafe d'eau/de l'eau d. L'assiette e. la moutarde f. tranches g. un couteau h. Du sel

Espace structures

18.1

1 1. que 2. plus 3. meilleur 4. plus ... qu' 5. le plus 6. aussi 7. que 8. le plus

2 1. aussi 2. la plus 3. pays 4. souvent 5. Tunisie 6. longtemps 7. bien/mieux 8. mieux/bien 9. qu' 10. meilleure

3 Answers may vary slightly. 1. La famille de Thao est aussi petite que ma famille. 2. J'ai plus de frères que Thao. / Thao a moins de frères que moi. 3. La grand-mère de Thao est plus jeune que ma grand-mère. / Ma grand-mère est plus âgée que la grand-mère de Thao. 4. Je suis aussi grand(e) que Thao. 5. Les cheveux de Thao sont plus longs que mes cheveux. / Mes cheveux sont plus courts que les cheveux de Thao. 6. La maison de Thao est plus grande que ma maison. / Ma maison est plus petite que la maison de Thao. 7. Les parents de Thao boivent moins de café que mes parents. / Mes parents boivent du café plus souvent que les parents de Thao. / Mes parents boivent plus de café que les parents de Thao. 8. La famille de Thao est aussi heureuse que ma famille.

4 Answers will vary. Suggested answers: 1. Sandrine est moins grande que David. Sandrine est la moins grande. David est plus grand que Sandrine. David est le plus grand. 2. Stéphane est plus sportif que Rachid. Rachid est moins sportif que Stéphane. Stéphane est le plus sportif. Rachid est le moins sportif. 3. David mange moins vite que Sandrine. Sandrine mange plus vite que David. Sandrine mange le plus vite. David mange le moins vite. 4. Michèle court le plus vite. Rachid court le moins vite. Michèle court plus vite que les garçons. Les garçons courent moins vite que Michèle.

18.2

1 1. b 2. f 3. a 4. e 5. c 6. d

2 1. Lundi, Caroline me les prépare. 2. Mardi, Fatima te l'offre. 3. Mardi, Nadine le lui apporte. 4. Mercredi, Nordine nous les cuisine. 5. Jeudi, Marc vous la donne. 6. Vendredi, Mélanie la leur prépare. 7. Samedi, vous nous les donnez. 8. Dimanche, ils les lui font.

3 1. les leur 2. le leur 3. le-moi 4. les leur 5. me les

4 1. Je les lui achète. 2. Marc et Mélanie vont nous les acheter. 3. Tu vas les lui prendre. 4. Vous le lui prenez. 5. Farida vous l'achète. 6. Ils vont les lui acheter. 7. Je te la prends. 8. Nous vous l'achetons.

5 1. Elle/L'agence de voyages les leur a envoyés. 2. Ils/Mes parents nous les ont achetées. 3. Nous les leur avons demandés. 4. Je le lui ai donné. 5. Je vais le lui apporter. 6. Je la leur ai proposée. 7. Elle/Mon amie le lui a prêté. 8. Ils/Mes grands-parents le leur ont offert.

Panorama

1 1. C'est l'ingénieur Gustave Eiffel. 2. C'est l'écrivain Colette. 3. C'est le chercheur Louis Pasteur. 4. Ce sont les inventeurs Louis et Auguste Lumière.

2 1. le Jura 2. Besançon 3. la Suisse 4. l'Europe centrale, la région flamande 5. Beaune 6. Dole 7. Paris 8. les cinq continents

3 1. Bourgogne 2. ski de fond 3. Transjurassienne 4. 16e 5. les pauvres, les victimes de la guerre de 100 ans 6. la fermentation, le vaccin contre la rage 7. escargots

4 1. Vrai. 2. Vrai. 3. Faux. Claire Motte est une danseuse étoile à l'Opéra de Paris. 4. Faux. La Transjurassienne a un parcours différent pour les hommes et les femmes. 5. Vrai. 6. Faux. Les paysans-horlogers s'occupaient de la finition et de la décoration des horloges.

Unité 10

Espace contextes

1 1. se raser 2. se sécher (les cheveux) 3. se laver (le visage) 4. se brosser (les cheveux) 5. se brosser (les dents)

2 1. la joue 2. le peigne 3. un savon 4. se regarder 5. se sécher 6. la pantoufle 7. une brosse à dents 8. se raser 9. le maquillage 10. la serviette de bain

3 1. 2 (s'endormir), 1 (se coucher) 2. 1 (faire sa toilette), 2 (sortir de la maison) 3. 2 (se sécher), 1 (se laver les cheveux) 4. 1 (se lever), 2 (se brosser les dents) 5. 2 (se lever), 1 (se réveiller) 6. 1 (se déshabiller), 2 (se coucher)

Espace structures

19.1

1 1. me lave 2. vous maquillez 3. se rase 4. nous lavons 5. se lavent 6. te brosses

2 Answers will vary. Suggested answers: 1. se couche très tôt 2. se brossent les dents 3. m'endors l'après-midi 4. nous lavons souvent les mains 5. se prépare pendant des heures 6. te coiffes et tu te maquilles 7. vous déshabillez et vous vous lavez le visage 8. se lèvent tôt le matin

Savoir-faire

7. Faux. Aujourd'hui, l'Hôtel-Dieu est un lieu de vente aux enchères de vins. 8. Faux. Une école d'horlogerie est créée au 19e siècle.

5 1. La population de la Franche-Comté est plus petite que la population de la Bourgogne. 2. Claude Jade est plus jeune que Claire Motte. 3. La vie de Louis Lumière est plus courte que la vie d'Auguste Lumière. 4. L'importation d'escargots est plus importante que la production d'escargots. 5. Le ski alpin dans le Jura est moins populaire que le ski de fond. 6. Le parcours pour les femmes est plus court que le parcours pour les hommes dans la Transjurassienne. 7. Le nombre d'horlogers au 18e siècle est plus petit que le nombre d'horlogers au 19e siècle. 8. La vente aux enchères de vins de l'Hôtel-Dieu est la plus célèbre du monde.

Leçon 19

4 1. une brosse à dents, du dentifrice 2. un rasoir, de la crème à raser 3. du savon 4. du shampooing 5. un peigne 6. une serviette de bain

5 1. le doigt 2. l'orteil/le doigt de pied 3. la gorge 4. la joue 5. l'œil 6. le pied 7. la poitrine 8. le ventre 9. la main 10. les cheveux 11. la tête 12. le bras 13. la jambe 14. le cœur

6 Answers may vary. Suggested answers: 1. se coucher 2. se maquiller 3. pantoufles 4. se raser 5. se regarder 6. se doucher 7. se coiffer 8. se brosser les dents

3 Answers may vary. Suggested answers: 1. Regardez-vous pendant que vous vous maquillez, Mme Laclos! 2. Levons-nous à sept heures! 3. Sèche-toi les cheveux, Hector! 4. Lavons-nous les mains! 5. Ne vous habillez pas en costume pour un match de basket-ball, M. Rougelet! 6. Ne te couche pas tard, grand-père! 7. Coiffe-toi, Christine! 8. Brossons-nous les dents tout de suite!

4 Answers will vary.

19.2

1 1. se disputent 2. s'énerve/se met en colère
3. s'ennuie 4. s'amuse 5. s'entendent
6. s'intéresse 7. s'inquiète 8. se dépêche

2 1. g 2. b 3. j 4. a 5. h 6. d 7. i 8. e 9. c
10. f

3 1. te souviens 2. s'ennuie 3. vous inquiétez
4. vous appelez 5. s'inquiète 6. nous
ennuyons 7. vous souvenez 8. s'appelle

Espace contextes

1 1. une mauvaise nouvelle 2. une bonne
nouvelle 3. une mauvaise nouvelle 4. une
mauvaise nouvelle 5. une bonne nouvelle
6. une mauvaise nouvelle 7. une mauvaise
nouvelle 8. une bonne nouvelle 9. une bonne
nouvelle 10. une mauvaise nouvelle

2 Answers may vary. Suggested answers: 1. J'ai
chaud. Je pense que j'ai de la fièvre. 2. J'ai
mal à la tête. 3. Je tousse. Je pense que j'ai
une grippe. 4. Ma cheville a gonflé. 5. J'ai
mal au ventre. 6. Je suis souvent triste. Je
pense que je suis déprimé.

3 Answers will vary. Possible answers: 1. Je vais
vous donner le numéro de téléphone d'un dentiste.
2. Faites de l'exercice tous les jours. 3. Prenez
des aspirines. 4. Évitez de manger des éclairs au
chocolat. 5. Allez à la salle des urgences.

4 1. Van-Minh travaille dans une pharmacie.
2. Hélène-Louise a une douleur terrible au
ventre. 3. Simone a une blessure à la jambe.
4. J'ai des allergies au printemps. 5. Quels
sont vos symptômes, madame?/ Madame,
quels sont vos symptômes? 6. L'infirmière est
avec le patient./Le patient est avec l'infirmière.

Espace structures

20.1

1 1. s'est disputé 2. s'est foulé 3. s'est cassé
4. s'est mis 5. se sont assis 6. s'est brossé

2 1. s 2. blank 3. blank 4. blank 5. blank 6. e
7. e 8. e 9. blank 10. blank 11. blank 12. es

3 Answers may vary. Suggested answers:
1. Marc s'est-il foulé la cheville? 2. T'es-
tu/Vous êtes-vous cassé la jambe? 3. Est-il
vrai que Christelle et Olivier se sont disputés?
4. Maman s'est-elle rendu compte que c'est mon
anniversaire? 5. Vous êtes-vous dépêchés?

4 Answers may vary. Suggested answers:
1. Dépêche-toi, Martine! 2. Ne vous inquiétez
pas, madame! 3. Ne nous disputons pas!
4. Ne t'énerve pas, Tony! 5. Assieds-toi ici,
Laurence! 6. Souviens-toi de son anniversaire
cette année, alors!

5 1. aux 2. que 3. X 4. que 5. en

6 Answers will vary.

Leçon 20

5 Answers will vary. Possible answer:

LE PATIENT J'ai souvent mal à la tête.

LE MÉDECIN Prenez des aspirines.

LE PATIENT Quand je prends des aspirines,
j'ai mal au cœur après.

LE MÉDECIN Alors, prenez cette
ordonnance.

LE PATIENT J'ai peur d'aller à la pharmacie.
À la pharmacie, j'éternue.

LE MÉDECIN Ah, oui? C'est peut-être une
allergie.

LE PATIENT Oui, j'en ai parlé avec le
pharmacien et il m'a donné un médicament.

LE MÉDECIN Un médicament contre les
allergies?

LE PATIENT Non, un médicament pour mon
dos. Je vous ai dit que j'ai mal au dos aussi?

LE MÉDECIN Ah, d'accord. Alors, rentrez
tout de suite chez vous et mettez-vous au lit.
Demain, allez chez un psychologue.

4 1. b 2. a 3. c 4. c 5. b

5 Answers will vary. Possible answer: Quand
j'étais petit, je m'amusais beaucoup chez moi.
Je m'entendais bien avec mon frère, et on jouait
souvent ensemble. Parfois, on se disputait ou
on se blessait, et maman s'inquiétait. Je ne
m'ennuyais pas souvent, seulement quand j'étais
à l'école. Mais je m'intéressais beaucoup aux
maths. Ma mère s'énervait beaucoup parce que
je ne faisais pas mes devoirs. Je ne m'en rendais
pas compte, heureusement. J'étais très heureux.

20.2

1 1. d 2. e 3. b 4. a 5. f 6. c

2 Answers will vary. Possible answers:
1. Combien de gâteaux avez-vous faits?
2. Quand vas-tu à la fac? 3. Vous parlez de l'école avec votre fille? 4. Combien de sandwichs avez-vous mangés? 5. Vous êtes allés en ville ce week-end?

3 1. y manger 2. en prendre 3. y passer 4. en acheter 5. en commander

4 1. Prends-en deux. 2. Vas-y directement.
3. Parle-m'en quand tu en as. 4. Fais-en tous

Panorama

1 1. les couteaux 2. les montres 3. la Croix-Rouge 4. les chocolats/les chocolatiers 5. la monnaie/le franc suisse

2 Students should provide four answers for each category in any order. **Villes principales:** Bâle, Berne, Genève, Lausanne, Zurich **Domaines de l'industrie:** banques, assurances, agroalimentaire, élevage bovin, horlogerie, métallurgie, tourisme **Langues officielles:** allemand, français, italien, romanche

3 1. e 2. b 3. d 4. f 5. a 6. c

Unité 11

Espace contextes

1 1. un moniteur 2. un écran 3. un disque dur 4. un lecteur de CD/DVD 5. un clavier 6. une souris 7. une imprimante 8. un CD/CD-ROM/DVD

2 1. Ce n'est pas bien! 2. C'est bien! 3. C'est bien! 4. Ce n'est pas bien! 5. Ce n'est pas bien! 6. Ce n'est pas bien! 7. C'est bien! 8. Ce n'est pas bien! 9. C'est bien! 10. C'est bien! 11. Ce n'est pas bien! 12. C'est bien!

3 Answers may vary. Possible answers: 1. un logiciel/un fichier 2. un e-mail/un fichier 3. un moniteur/un écran/un ordinateur/un appareil photo/une caméra vidéo/un poste de télévision/un magnétoscope/la lampe/un appareil ménager 4. un moniteur/un écran/un ordinateur/un appareil photo/une caméra vidéo/un poste de télévision/un magnétoscope/

les jours. 5. N'en dépense pas trop pour tes vêtements. 6. Souviens-t'en.
7. Fais-y attention quand tu es au supermarché. 8. Écris-m'en un de temps en temps pour demander des conseils.

5 1. Donnez-m'en six, s'il vous plaît./S'il vous plaît, donnez-m'en six. 2. Je lui en ai parlé hier. 3. Je t'en dois cinq. 4. Achète-lui en dix. 5. Vous y allez souvent. 6. Ils ne nous en parlent pas. 7. On y va. 8. Elle s'y intéresse beaucoup.

Savoir-faire

4 Wording for corrections may vary slightly. Suggested answers: La Suisse a une longue tradition de neutralité militaire. Elle n'a pas connu de guerres depuis le 16e siècle. Son statut de neutralité est reconnu depuis 1815 par les autres pays européens. Elle ne peut pas être membre d'alliances militaires comme l'OTAN.

5 1. vrai 2. faux 3. faux 4. vrai 5. faux 6. faux 7. vrai 8. vrai 9. vrai 10. faux 11. vrai 12. vrai

6 1. b 2. c 3. a 4. a 5. a

Leçon 21

la lampe/un appareil ménager 5. une page/un e-mail/une page d'accueil/une page web 6. un fichier/un jeu vidéo/un logiciel 7. un e-mail/un fichier 8. un CD (disque compact/compact disc)/un CD-ROM (cédérom)

4 1. un appareil photo 2. un lecteur de CD, un baladeur CD 3. un magnétoscope, un lecteur de DVD 4. un/son mot de passe 5. une caméra vidéo/un caméscope 6. un baladeur CD 7. un répondeur 8. redémarrer 9. efface 10. sauvegarder/imprimer

5 Answers may vary. Suggested answers:
1. Achète un appareil photo numérique.
2. Allume-le. 3. Éteins ton ordinateur et ton moniteur avant de partir. 4. Imprime-les sur une feuille de papier. 5. Achète un lecteur de DVD.

6 Answers will vary.

Espace structures

21.1

1 1. X 2. à 3. à 4. de 5. à 6. X 7. de 8. de 9. X 10. de 11. de 12. X 13. à 14. à 15. à

2 Answers will vary. Possible answers: 1. Anne apprend à parler français. 2. Jean-Loup refuse de faire la vaisselle. 3. Nadine rêve d'avoir une nouvelle voiture. 4. M. Saint-Martin adore manger. 5. Luc et Daniel oublient parfois de sortir la poubelle.

3 Answers may vary. Suggested answers: 1. Seydou est parti sans nous dire au revoir. 2. Ma fille m'a téléphoné pour me dire joyeux anniversaire. 3. Le couple est allé au Mexique pour passer quelques jours au soleil. 4. Il a trouvé le café sans regarder le plan. 5. Zoé et Florianne sont allées au club pour danser. 6. Comment va-t-il répondre sans comprendre la question? 7. Ils achètent des tickets pour gagner à la loterie. 8. Nous faisons de l'exercice pour maigrir.

Espace contextes

1 1. logique 2. illogique 3. logique 4. logique 5. logique 6. illogique 7. logique 8. illogique 9. illogique 10. logique

2 1. le capot 2. le pare-brise 3. un rétroviseur 4. dépasser 5. une station-service 6. vérifier l'huile 7. réparer 8. les phares 9. l'embrayage 10. le moteur

3 1. le capot 2. le moteur 3. le phare 4. le pare-chocs 5. le pneu/la roue 6. le pare-brise 7. le volant 8. le rétroviseur 9. le coffre 10. la portière

4 1. permis 2. arrêtais 3. accident 4. l'autoroute/la route 5. faire le plein

Espace structures

22.1

1 1. f 2. a 3. j 4. i 5. b 6. d 7. g 8. c 9. h 10. e

2 1. souffrez 2. ouvre 3. découvrent 4. offrons 5. découvres 6. couvre 7. souffrent 8. ouvrez

3 Answers may vary. Suggested answers: 1. Couvre-toi les cheveux, alors. 2. Ouvre la fenêtre. 3. Couvrez les meubles avant de partir. 4. Ne souffre pas. Prends des aspirines.

4 Answers will vary.

21.2

1 1. réciproque 2. réciproque 3. réciproque 4. réfléchi 5. réciproque 6. réfléchi 7. réciproque 8. réciproque 9. réfléchi 10. réciproque 11. réciproque 12. réfléchi

2 Answers may vary. Suggested answers: 1. s'entendent 2. se parle 3. s'embrassent 4. se retrouvent 5. vous écrivez 6. nous téléphonons 7. vous connaissez 8. s'aident

3 Answers may vary. Suggested answers: 1. s'entend 2. s'aide 3. se connaît 4. se téléphone 5. s'écrit 6. se dit 7. se retrouve 8. s'embrasse 9. se parle 10. se quitte

4 Answers may vary. Suggested answers: 1. rencontrés 2. écrit 3. parlé 4. retrouvés 5. embrassés 6. donné 7. dit 8. quittés

5 Answers will vary.

Leçon 22

(d'essence) 6. station-service 7. vérifier 8. pneus 9. de secours 10. phare/rétroviseur/essuie-glace 11. mécanicien 12. réparé 13. dépassaient 14. de vitesse 15. amende

5 Answers may vary. Suggested answers: 1. fais le plein d'essence avant de partir. 2. vérifie la pression des pneus avant de partir. 3. fais attention à la limitation de vitesse. 4. vérifie l'huile avant de partir. 5. dépasse-la.

6 Answers will vary.

5. Découvrons les musées de la ville. 6. N'ouvre pas./Ne lui ouvre pas la porte.

4 1. souffert 2. découvert 3. couvert 4. offert 5. ouvert

5 1. Qu'est-ce qu'ils ont découvert dans la vieille valise? 2. Cette année, nous avons ouvert un restaurant./Nous avons ouvert un restaurant cette année. 3. Le serveur a couvert la table d'une nappe. 4. Answers may vary.

Workbook

Suggested answer: Nous avons beaucoup souffert, mais ça va mieux maintenant. 5. Mes frères m'ont offert un appareil photo pour mon anniversaire./Pour mon anniversaire, mes frères m'ont offert un appareil photo. 6. Qui a ouvert la porte?

22.2

1 1. qui 2. dont 3. où 4. que 5. qui 6. qui 7. dont 8. où 9. qui 10. qu'

2 1. e 2. a 3. d 4. b 5. c 6. f

Panorama

1 1. bandes dessinées 2. statues 3. Schtroumpf 4. Hergé 5. Tintin 6. René Magritte 7. humour 8. Bruxelles

```
R S G G R L U P Z B É S X M M
U E P L Y L Z Q R G T C X B G
A K N V Y Â B U R B D H F T Q
M N T É A L X E O I J T È R I
E K G M M E H X A O Q R U S U
F U W K L A F M E L Ô O N O G
L P V L W R G P C Q V U M M G
O É E G U V A R B R R P T U D
U S G F E U N A I X J P T H D
G Y E B K Q M I Y T P F V Z R
A V K P D M Y P T H T N I H F
C W P C O H J J S N F E Z Q V
B A N D E S D E S S I N É E S
S E U T A T S I J R P T Q B Z
Q X I H B M Ô N I K N Y P K H
```

Unité 12

Espace contextes

1 1. remplir un formulaire 2. un compte bancaire 3. une dépense 4. accompagne 5. emprunte 6. retirer de l'argent 7. signé 8. un compte d'épargne

2 1. une brasserie/un restaurant/un café 2. une papeterie 3. un cybercafé 4. une bijouterie 5. un salon de beauté 6. un bureau de poste

3 Answers may vary slightly. 1. Elle envoie un colis. 2. une boîte aux lettres 3. Il poste une lettre. 4. une enveloppe 5. le courrier 6. le facteur 7. un timbre 8. Ils font la queue.

3 Opinions will vary. 1. où 2. qui 3. que 4. qui 5. où 6. dont 7. qui 8. qui

4 Answers will vary. Possible answers: 1. La voiture que j'ai achetée est une Ferrari. 2. Oui, je cherche une voiture qui va vite. 3. Oui, la voiture dont je rêve est blanche ou grise. 4. Les conducteurs que j'aime ne dépassent pas la limitation de vitesse. 5. Le parking où je l'ai trouvée est à côté de chez moi. 6. C'est un chat qui a les yeux verts et qui dépasse la limitation de vitesse.

Savoir-faire

2 1. vrai 2. faux 3. faux 4. vrai 5. faux 6. faux 7. vrai 8. vrai

3 1. moules frites 2. frites 3. de la mayonnaise 4. bière 5. fromage 6. moines (trappistes)

4 Answers may vary. Possible answers: 1. une œuvre de René Magritte 2. la ville de Bruges 3. des péniches 4. les moules frites 5. Tintin et Milou 6. Bruxelles

5 1. cosmopolite 2. sa cuisine 3. d'étrangers 4. de l'Union européenne 5. au centre de l'Europe 6. la C.E.E. 7. l'OTAN 8. le Parlement européen

6 1. Georges Simenon 2. Eddy Merckx 3. Marguerite Yourcenar 4. Cécile de France 5. Jacques Brel 6. Justine Hénin-Hardenne

Leçon 23

4 Answers may vary slightly. 1. Faux. Quand il y a beaucoup de personnes dans un magasin, il faut faire la queue. 2. Faux. On peut avoir un compte bancaire à la banque. 3. Vrai. 4. Faux. On peut acheter un magazine chez le marchand de journaux. 5. Vrai. 6. Faux. On peut boire d'autres boissons dans une brasserie./On peut aussi manger dans une brasserie. 7. Faux. On peut envoyer un colis dans un bureau de poste./On peut poster une lettre ou une carte postale dans une boîte aux lettres. 8. Vrai.

Espace structures

23.1

1 1. Nous avons reçu une lettre il y a deux jours./Il y a deux jours, nous avons reçu une lettre. 2. Elle reçoit un colis maintenant./Maintenant, elle reçoit un colis. 3. Le matin, je reçois des journaux./Je reçois des journaux le matin. 4. Vous recevez des fleurs chaque semaine./Chaque semaine, vous recevez des fleurs.

2 1. J'ai aperçu un chat noir. 2. Anne a perdu son gilet, mais elle ne s'en est pas aperçue. 3. Hakim a reçu un coup de poing. 4. Florence et Margaux ont aperçu leur maman à la banque. 5. Djamila a observé son frère, mais il ne l'a pas aperçue. 6. Ils n'ont pas reçu leur goûter. 7. Vous deux avez aperçu Karine, mais elle s'est mise en colère. 8. Ahmed n'a pas reçu l'invitation du musée.

3 1. reçoit 2. recevoir 3. s'aperçoit 4. aperçoit 5. ai reçu 6. recevoir 7. ne m'en suis pas aperçu 8. apercevez

4 1. avez reçu 2. avez aperçu 3. ai aperçu 4. s'est aperçu 5. avons reçu 6. avez reçue 7. recevez 8. apercevez

5 1. me suis aperçu(e) 2. apercevoir 3. ai reçue 4. reçois 5. ai aperçu 6. aperçois

Espace contextes

1 1. une avenue 2. un feu de signalisation 3. un pont 4. le nord 5. être perdu 6. une cabine téléphonique 7. un banc 8. un carrefour

2 1. le parking (de la rue Cavenne) 2. le métro 3. la place Déperet 4. la pharmacie

Espace structures

24.1

1 1. travaillerai 2. atteindrons 3. épousera 4. achèterez 5. écrira 6. offriras 7. se rendront 8. ouvrirai

2 Answers may vary slightly. 1. Lundi, il postera des lettres. 2. Mercredi, ils retireront de l'argent au distributeur automatique. 3. Jeudi, ils

23.2

1 Answers may vary slightly. 1. ne... jamais 2. ne... plus 3. personne 4. ne... rien 5. aucun/ne... rien 6. ni... ni

2 1. n'... ni... ni 2. n'... qu' 3. n'... jamais 4. Personne n' 5. n'... plus personne 6. n'... aucune 7. Aucun... ne 8. Rien n'

3 Answers may vary. Suggested answers: 1. Nous n'avons trouvé aucun des cadeaux que nous cherchions. 2. Il ne nous reste plus d'argent. 3. Nous n'avons parlé à personne./Nous n'avons parlé à aucun ami. 4. Rien n'était cher. 5. Personne ne faisait les magasins.

4 1. aucun 2. plus 3. jamais 4. Personne 5. que 6. rien 7. pas 8. Aucune

5 Answers may vary slightly. 1. Non, je n'ai aucun diplôme en économie de l'entreprise. 2. Non, je n'ai jamais travaillé dans une grande entreprise. 3. Non, je ne fais plus de volontariat. 4. Non, je ne suis pas intéressé(e) par des heures supplémentaires. 5. Non, rien ne me dérange dans le travail de nuit. 6. Non, je ne connais personne qui travaille dans cette entreprise. 7. Je ne sais utiliser ni le logiciel *Excellence* ni le logiciel *Magenta*. 8. Non, il n'y a rien d'autre que vous devez savoir.

Leçon 24

3 1. traverser 2. descend 3. suit, s'orienter 4. Montons/Montez/Monte 5. tourner 6. continue

4 1. traverser 2. suivre 3. à droite 4. une cabine téléphonique 5. jusqu'à 6. sommes perdus 7. continuons 8. le banc

exploreront Aix-en-Provence. 4. Mardi, ils se promèneront en ville. 5. Vendredi, elle paiera/payera sa facture en liquide. 6. Samedi, il achètera des timbres pour envoyer des cartes postales.

3 Answers may vary slightly. Pendant les vacances d'été, je partirai en Europe pendant un mois. Je visiterai les principaux monuments et les grandes villes. J'essayerai/essaierai la nourriture locale. Je n'ai jamais mangé d'escargots ni de haggis. Je prendrai beaucoup de photos avec l'appareil photo numérique que j'achèterai le mois prochain. Je te les montrerai quand je passerai te rendre visite. J'espère que nous nous amuserons bien ensemble. Je t'apporterai quelque chose de spécial, mais je ne te dirai pas ce que c'est. Ça doit être une surprise. Vivement les vacances!

4 1. Je partirai à 8h30. 2. Nous déjeunerons ensemble à 1h00. 3. Caroline et Serge mangeront avec nous. 4. Je retournerai travailler à 2h30. 5. Tu achèteras des légumes pour le dîner. 6. L'étudiant du premier étage nettoiera la cuisine. 7. Nous regarderons un film français. 8. Je me lèverai à 7h00.

24.2

1 1. irai 2. enverrai 3. viendrai 4. pourras 5. essaierai/essayerai 6. serons 7. pourrons 8. reviendrai

Panorama

1 1. Le Stade olympique de Montréal 2. Montréal 3. La ville de Québec. 4. Le festival de jazz de Montréal

2 1. 1608 2. deux 3. 1980, 1995 4. 1642 5. 57 6. 300 7. 1608 8. 1759

3 1. La majorité des Français qui se sont installés au Québec vient du nord-ouest de la France. 2. Le français parlé par les Québécois est considéré plus pur que celui des Français. 3. La monnaie du Québec est le dollar canadien. 4. Julie Payette est une astronaute. 5. Les souverainistes font des efforts pour préserver l'identité culturelle québécoise. 6. Il y a de nombreux étudiants à Montréal parce qu'il y a quatre universités. 7. Les musiciens du festival de jazz de Montréal

Unité 13

Espace contextes

1 1. élevé 2. poste 3. références 4. stage 5. conseils 6. embauche 7. patienter 8. candidats

2 1. (un) rendez-vous 2. de recommandation 3. expérience 4. mentions 5. formation/

2 1. Vous devrez partir dans un pays lointain. 2. Un homme recevra une bonne nouvelle. 3. Elles feront quelque chose d'extraordinaire. 4. Vous aurez beaucoup de chance la semaine prochaine. 5. Il faudra faire très attention vendredi 13. 6. Il deviendra très vulnérable après le 21 de ce mois. 7. Elle saura comment résoudre vos problèmes. 8. Ils seront très heureux samedi prochain.

3 1. recevrai 2. aurai 3. enverrai 4. ira 5. pourrai 6. partirai 7. ferai 8. rencontrerai 9. reviendrai 10. feras

4 1. Ma sœur viendra me rendre visite. 2. Mon professeur de français et celui d'espagnol m'enverront un e-mail. 3. L'agence immobilière maintiendra notre loyer au même prix. 4. Malika et Hassan recevront la visite du doyen de l'université. 5. Tous les étudiants du cours d'art iront à l'exposition Marc Chagall. 6. Le professeur de physique reviendra de sa conférence à Toulouse. 7. Nos voisins auront un nouveau chat. 8. Il faudra sortir la poubelle.

Savoir-faire

viennent de plus de 20 pays et du Québec. 8. Les Britanniques ont vaincu les Français dans les plaines d'Abraham et pris le contrôle du Canada.

4 1. Faux. Les Français qui se sont installés au Québec parlaient leur langue régionale comme le normand ou le breton. Le français de la cour du roi était leur deuxième langue. 2. Faux. Toronto ne fait pas partie du Québec, mais de l'Ontario. 3. Vrai. 4. Faux. Le mouvement souverainiste est toujours d'actualité. 5. Vrai. 6. Faux. Montréal est située sur une île du fleuve Saint-Laurent. 7. Vrai. 8. Vrai.

5 1. Trois-Rivières 2. souverainiste 3. bilingue 4. en plein air 5. fortifications 6. Saint-Laurent 7. château Frontenac 8. Abraham

Leçon 25

domaine 6. travail 7. domaine 8. entreprise/compagnie

3 Answers may vary. Suggested answers: 1. On doit écrire un C.V. et une lettre de motivation. 2. On doit lire les annonces. 3. On doit

prendre rendez-vous pour passer un entretien.
4. On doit passer un entretien.

4 <u>7</u> Le chef du personnel n'est pas là en ce moment, mais je peux lui laisser un message. Quel est votre numéro de téléphone?

<u>4</u> C'est Hélène Bonnaire à l'appareil.

<u>6</u> Euh, oui, c'est ça.

<u>3</u> C'est de la part de qui?

<u>9</u> Très bien. Au revoir, mademoiselle.

Espace structures

25.1

1 1. d 2. a 3. e 4. b 5. g 6. c 7. h 8. f

2 Answers may vary. Suggested answers: 1. le téléphone sonnera 2. écrira un C.V. 3. aura une télécarte 4. lira les annonces

3 Answers may vary slightly. 1. Elle donnera son C.V. au chef du personnel quand elle sera au bureau. 2. J'écrirai la lettre de recommandation dès que j'aurai le temps. 3. Je parlerai à Thierry de son salaire quand je l'appellerai. 4. Il cherchera du travail quand il aura une voiture. 5. Elle aura un salaire élevé dès qu'elle obtiendra son nouveau poste. 6. Thomas prendra rendez-vous quand il appellera. 7. J'achèterai une télécarte quand je serai en ville. 8. Amir raccrochera dès qu'il entendra le message.

4 1. se dispute, raccroche 2. laissera, entendra 3. se mettent, arrive 4. passerai, prendrai 5. visiteront, seront 6. travaille, a

5 Answers will vary. Suggested answers: 1. Dès qu'elle obtiendra un nouveau poste avec un salaire élevé, elle achètera une nouvelle voiture. 2. Dès qu'il sera marié, il commencera à avoir des enfants. 3. Quand tu arriveras à Alger, tu

---

Espace contextes

1 1. pompier 2. chauffeur de taxi 3. chef d'entreprise 4. gérant 5. femme au foyer 6. cadre 7. ouvrière 8. conseiller

2 1. Il est agriculteur. 2. Elle est comptable. 3. Il est cuisinier. 4. Elle est agent immobilier. 5. Il est psychologue. 6. Elle est chercheuse.

3 1. un métier 2. un chômeur/une chômeuse 3. un syndicat 4. une réunion 5. une réussite 6. (un emploi) à plein temps 7. diriger 8. une assurance vie

---

<u>1</u> Allô?

<u>2</u> Bonjour, je peux parler au chef du personnel, s'il vous plaît?

<u>8</u> C'est le zéro, un, dix-sept, quatre-vingts, quatorze, vingt.

<u>10</u> Merci, au revoir monsieur.

<u>5</u> Alors, vous appelez pour prendre rendez-vous avec lui, c'est ça?

5 Answers will vary.

rendras visite à ta famille. 4. Dès qu'il sera de retour de vacances, il se mettra à travailler. 5. Dès que nous achèterons le lecteur de DVD, nous commencerons à regarder des films. 6. Quand il aura une promotion, on la fêtera. 7. Quand tu auras un abonnement au *Journal du soir*, tu liras les annonces tous les jours. 8. Quand vous enverrez votre C.V. au chef du personnel, il vous appellera pour prendre rendez-vous.

25.2

1 1. g 2. c 3. e 4. d 5. b 6. a 7. h 8. f

2 1. Laquelle 2. lequel 3. Lesquelles 4. Lesquels 5. Lequel 6. Lesquels

3 1. lequel 2. lesquelles 3. Laquelle 4. Lesquels 5. Lequel 6. Lesquelles

4 Answers may vary slightly. 1. À quelles questions avez-vous répondu? Auxquelles avez-vous répondu? 2. À quels métiers est-ce qu'il s'intéresse? Auxquels est-ce qu'il s'intéresse? 3. De quelle employée est-ce qu'on parle? De laquelle est-ce qu'on parle? 4. De quel chef est-ce qu'il a peur? Duquel est-ce qu'il a peur? 5. À quelle lettre de recommandation penses-tu? À laquelle penses-tu?

Leçon 26

4 Answers may vary slightly. 1. Il a besoin d'une augmentation (de salaire). 2. Elle a besoin d'une promotion. 3. Il a besoin d'un emploi à temps partiel/à mi-temps. 4. Il a besoin d'une assurance maladie. 5. Elle a besoin de démissionner et de trouver un nouveau travail.

5 Answers will vary.

Espace structures

26.1

1 1. voudrais 2. auriez 3. aurais 4. pourrais 5. aimerait 6. viendriez 7. devrais 8. voudrions 9. aimerais 10. devriez

2 Answers may vary slightly. 1. lirais toute la journée. 2. inviterais des amis chez toi. 3. ferions du vélo. 4. rendraient visite à leur grand-mère. 5. dormiriez très tard le matin.

3 1. dîneriez 2. aiderait 3. partagerions 4. voyagerais/démissionnerais 5. voyagerais 6. achèteraient 7. donnerait 8. construiraient/achèteraient

4 1. Le patron a dit que nous aurions une augmentation en janvier. 2. Nous pensions/avons pensé que le chef du personnel aurait une promotion cette année. 3. Papa disait souvent que nous ferions un travail important plus tard. 4. Je pensais/J'ai pensé que Marlène trouverait un travail très vite. 5. J'ai expliqué au chef du personnel que

j'enverrais mon C.V. plus tard. 6. Mon gérant a dit que je pourrais prendre un congé ce mois-ci.

5 Answers will vary.

26.2

1 1. e 2. h 3. d 4. g 5. b 6. f 7. a 8. c

2 1. fume/se met à fumer/commence à fumer 2. aurai une mauvaise note/recevrai une mauvais note/aurai un «F»/recevrai un «F» 3. conduisez trop vite/roulez trop vite/dépassez la limitation de vitesse 4. aurons froid 5. te couches tôt/te couches à neuf heures

3 1. illogique 2. logique 3. logique 4. illogique 5. logique 6. illogique 7. illogique 8. logique

4 1. arrivait/venait 2. donnait/achetait 3. venait 4. faisait 5. s'entendait 6. avait

5 Answers will vary.

Panorama

1 Answers may vary slightly. 1. Il se trouve en Afrique du Nord. 2. Il se compose de l'Algérie, du Maroc et de la Tunisie. 3. Ils s'y sont installés aux 7e et 8e siècles. 4. Ils ont retrouvé leur indépendance dans les années 1950–1960. 5. Ces pays étaient des colonies françaises. 6. Elle se compose d'Arabes, d'Européens et de Berbères. 7. Les Berbères étaient les premiers résidents du Maghreb. 8. Elle s'appelle l'Union du Maghreb Arabe.

2 Students should provide four answers for each category in any order.

Des villes du Maghreb: Alger, Bizerte, Casablanca, Constantine, Fès, Marrakech, Oran, Rabat, Sétif, Sfax, Tanger, Tunis

Savoir-faire

Des industries du Maghreb: agriculture, gaz naturel, pétrole, tourisme

Des traditions maghrébines: le festival du Sahara, les cafés, les souks, les hammams

3 1. faux 2. vrai 3. faux 4. vrai 5. vrai 6. faux 7. vrai 8. faux

4 1. a 2. d 3. e 4. b 5. c

5 1. b 2. c 3. d 4. a

6 1. Maroc 2. médina 3. 1062 4. la mosquée Kutubiyya/la place Djema'a el-Fna 5. la mosquée Kutubiyya/la place Djema'a el-Fna 6. artistes 7. souk 8. thé à la menthe 9. fortifications 10. automobiles/voitures

Unité 14

Espace contextes

1

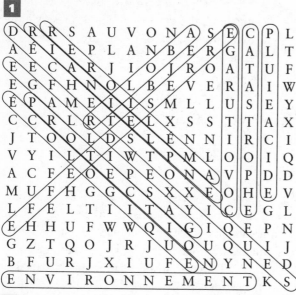

2 1. Elle recycle une boîte de conserve. 2. Elle recycle un emballage en plastique/une bouteille en plastique. 3. Il recycle une bouteille en verre.

3 1. gaspiller 2. le recyclage 3. l'écologie 4. la pluie acide 5. sale 6. une solution 7. un glissement de terrain 8. polluer

Espace structures

27.1

1 1. celui 2. celle 3. ceux 4. celle 5. ceux 6. Celle 7. celui 8. ceux

2 1. Le recyclage du papier est plus important que celui du verre. 2. L'augmentation de la pollution en Europe est moins grande que celle aux États-Unis. 3. Le problème de l'effet de serre est lié à celui du trou de la couche d'ozone. 4. Les amendes que l'industrie paie sont moins importantes que celles que le gouvernement donne. 5. Les produits d'aujourd'hui sont moins polluants que ceux des années cinquante. 6. Le danger causé par les déchets toxiques est aussi grave que celui causé par la pluie acide. 7. Le ramassage des ordures du campus est meilleur que celui de la ville. 8. La loi sur la protection de l'environnement est plus sévère que celle contre le gaspillage de l'énergie.

3 1. celui qui 2. ceux de 3. celui qui 4. celles que 5. celui de 6. celui que 7. ceux dont 8. celle d'

4 Answers may vary. Suggested answers: 1. Pour trouver une solution au problème de la pollution de l'air, on doit commencer par faire du covoiturage. 2. Pour trouver une solution au problème des glissements de terrain, on doit commencer par prévenir les incendies de forêts. 3. Pour trouver une solution au problème des déchets toxiques, on doit commencer par développer des emballages écologiques. 4. Pour trouver une solution au problème de la surpopulation, on doit commencer par éviter une population croissante. 5. Pour trouver une solution au problème du gaspillage, on doit commencer par recycler plus. 6. Pour trouver une solution au problème de la pollution, on doit commencer par donner une amende aux pollueurs.

5 1. réchauffement 2. catastrophe 3. les gouvernements 4. protection 5. effet de serre 6. énergies 7. population croissante 8. solution 9. sauver 10. environnement

4 Answers may vary slightly. Suggested answers: 1. Celui 2. celui 3. celui-là 4. ceux de 5. celui que 6. celle qui 7. celle-là 8. ceux que

27.2

1 1. finisse 2. dise 3. attende 4. apportent 5. préviennent 6. prenne 7. achète 8. recyclions

2 1. Il est important que Mathilde parle au professeur de français. 2. Il est nécessaire que Florence et son petit ami achètent leurs billets d'avion. 3. Il est bon que je parte mercredi matin au plus tard. 4. Il est essentiel que tu vendes ta vieille voiture. 5. Il faut que nous nettoyions la maison. 6. Il vaut mieux que vous appeliez le propriétaire. 7. Il est important que Farid enlève son vélo du garage. 8. Il est essentiel que j'obtienne un visa pour la Tunisie.

3 1. préservent 2. évitions 3. recyclions 4. comprenions 5. prenne 6. partagions 7. éteigne 8. n'interdise pas 9. ne réduise pas 10. remplisse

4 Answers will vary.

Espace contextes

1 1. sentier 2. un fleuve 3. une falaise 4. un serpent 5. une région 6. une pierre 7. un écotourisme 8. un lac

2 1. la terre/l'eau 2. le ciel 3. la terre 4. l'eau 5. l'eau 6. le ciel 7. la terre 8. l'eau 9. la terre 10. la terre

3 1. la région 2. la nature 3. un sentier 4. détruire 5. plantes 6. jeter 7. un pique-nique

Espace structures

28.1

1 1. organise 2. viennent 3. soient 4. visitions 5. fasse 6. soyons 7. soutienne 8. aient

2 1. J'aime que le film finisse bien. 2. Je regrette que les acteurs ne soient pas plus connus. 3. Je suis surpris que le film remplisse la salle. 4. Nous sommes heureux qu'un film français vienne dans notre ville. 5. Elles sont tristes que les acteurs ne discutent pas du film avec le public. 6. Il est désolé qu'il n'y ait pas de sous-titres. 7. Elle a peur que les gens ne comprennent pas toutes les références culturelles. 8. Ils sont contents que l'histoire fasse rire.

3 1. Je suis content(e) que Catherine ait un bébé de deux mois. 2. Je suis heureux/heureuse que Sylvain soit prof de maths. 3. Je suis surpris(e) que Marie fasse des compétitions de ski. 4. Je regrette que notre professeur de français ne soit plus là. 5. Je suis triste que la directrice travaille maintenant au Japon. 6. Je suis furieux/furieuse que l'équipe de foot perde le championnat.

4 1. Je suis heureux que vous fassiez quelque chose pour l'environnement. 2. Ils veulent faire une randonnée en montagne. 3. Vous désirez qu'elle prévienne les incendies. 4. Vous êtes contents de recycler plus d'emballages. 5. Elles préfèrent que le président de l'université interdise les voitures sur le campus. 6. Tu veux que le gouvernement abolisse l'énergie nucléaire. 7. Nous n'aimons pas avoir d'animaux domestiques. 8. Il est surpris que vous ne soyez pas contre le déboisement.

8. une forêt 9. écureuils 10. la vallée 11. une rivière 12. lac

4 1. jungle 2. désert 3. écureuil 4. préservation 5. extinction 6. région 7. nature 8. chasser 9. falaise 10. espèce 11. déboisement 12. sentier

Mot mystère : l'écotourisme

5 Answers will vary.

28.2

1 Answers may vary slightly. Suggested answers: 1. Il y a plus d'habitants qu'en 1960. 2. Les habitants ont autant d'animaux domestiques qu'avant. 3. Le parc a plus d'écureuils qu'en 1960. 4. L'écotourisme avait moins d'adeptes que le tourisme de masse. 5. Il y a plus d'arbres dans le parc que sur le bord des routes. 6. La ville a plus de voitures que de vélos maintenant. 7. Le parc a plus de sentiers qu'avant. 8. La ville a toujours plus de vaches que d'habitants.

2 1. Logiciel a plus d'employés que Nature./Nature a moins d'employés que Logiciel. 2. Logiciel a plus d'heures de travail que Nature./Nature a moins d'heures de travail que Logiciel. 3. Logiciel a moins de semaines de vacances que Nature./Nature a plus de semaines de vacances que Logiciel. 4. Logiciel a autant de stagiaires que Nature. 5. Logiciel a moins d'influence sur la société que Nature./Nature a plus d'influence sur la société que Logiciel. 6. Logiciel a autant de problèmes avec l'environnement que Nature.

3 Answers may vary slightly. 1. Il a autant de livres que moi. 2. Il a autant de sœurs que moi, mais il a moins de frères que moi. 3. Il prend moins de cours que moi ce semestre. 4. Il reçoit autant d'e-mails de ses amis que moi. 5. Il travaille moins d'heures que moi. 6. Il a autant de patience que moi. 7. Il a plus d'humour que moi. 8. Il a autant de temps libre que moi.

4 1. autant d' 2. plus d' 3. plus de 4. moins de 5. moins d' 6. le plus d'

Panorama

1 1. la Mauritanie, Nouakchott 2. le Sénégal, Dakar 3. la Guinée, Conakry 4. La Côte d'Ivoire, Yamoussoukro 5. le Mali, Bamako

2 1. Bujumbura 2. Yaoundé 3. Brazzaville 4. Libreville 5. Bangui 6. Kinshasa 7. Kigali 8. N'Djamena

3 1. Cameroun 2. coltan, le gorille de montagne 3. la Négritude 4. à l'Académie française 5. Alpha Blondy 6. dans les langues africaines 7. Le parc national Korup 8. 1969

4 1. Faux. Le coltan est utilisé dans la fabrication des téléphones portables. 2. Faux. Léopold

Savoir-faire

Sédar Senghor a été le premier président du Sénégal. 3. Vrai. 4. Faux. Léopold Sédar Senghor a été élu à l'Académie française. 5. Faux. Le reggae africain se différencie du reggae jamaïcain par les instruments de musique utilisés et les thèmes abordés. 6. Vrai. 7. Faux. Le parc national Korup se trouve au Cameroun. 8. Vrai.

5 1. Mauritanie 2. Kanté 3. Kahuzi-Biega 4. Sorbonne 5. dinosaures 6. ouverture 7. Dakar 8. Yaoundé

Unité 15

Espace contextes

1 1. la danse 2. le théâtre 3. la musique 4. la chanson

2 1. jouer un rôle 2. un membre 3. une sorte 4. le début 5. une séance 6. un metteur en scène 7. une troupe 8. un genre

3 1. l'entracte 2. un dramaturge 3. un chœur 4. une place 5. une comédie musicale 6. la guitare 7. applaudir 8. la batterie

4

Leçon 29

5 1. la séance 2. billet 3. place 4. le début 5. spectateurs 6. réalisateur 7. le personnage principal 8. jouait le rôle 9. la chanson 10. la fin 11. le genre 12. profiter de

Workbook

Espace structures

29.1

1 1. vois, voit, voyons, voyez, voient 2. crois, croit, croyons, croyez, croient

2 1. J'ai vu mes amis tous les jours. 2. Les endroits que nous avons vus étaient magnifiques. 3. Marc et Jérôme ont cru qu'ils ne verraient jamais le soleil. 4. Elle a cru mourir de faim dans l'avion. 5. Tu as vu beaucoup de films français. 6. Les amies que vous avez vues sont maintenant à la Martinique. 7. Les films qu'elle a revus dataient des années 1950. 8. Il a cru qu'il ne pourrait pas revenir à temps.

3 1. ai vu 2. croyais 3. verras 4. ai vu 5. voir 6. croyais 7. a pas vu(e) 8. crois 9. verrai/vois 10. croira

4 Answers may vary slightly. 1. Je crois que je suis un(e) excellent(e) candidat(e). 2. Non, je n'ai pas encore vu les étudiants qui ont participé au programme. 3. Quand je serai là-bas, je verrai les principaux monuments et musées. 4. Vous devez me choisir parce que vous croyez que je suis le/la meilleur(e) candidat(e). 5. Nous nous reverrons la semaine prochaine. 6. Je verrai les anciens étudiants du programme au café. 7. Je me vois travailler dans une entreprise internationale. 8. Je crois que je suis trop perfectionniste.

5 1. Vous ne voyez pas qui c'est. Vous croyez que c'est un acteur. 2. Elle ne voit pas qui c'est. Elle croit que c'est une chanteuse. 3. Ahmed ne voit pas qui c'est. Il/Ahmed croit que c'est un joueur de guitare/un musicien.

Espace contextes

1 1. un film d'aventures 2. un film de science-fiction 3. un film d'horreur 4. un film policier/d'aventures

2 **Une émission d'information:** un documentaire, les infos, la météo, les nouvelles **Une émission de divertissement:** un dessin animé, un feuilleton, un jeu télévisé, les variétés **Une émission culturelle:** les beaux-arts, un chef-d'œuvre, une exposition, une œuvre

4. Nous ne voyons pas qui c'est. Nous croyons que c'est une spectatrice.

29.2

1 1. réussissions 2. ne peux pas 3. veuillent 4. aillent 5. allons 6. viennent 7. est 8. sachent

2 1. Je doute que ce film réussisse ici.
2. Nous croyons que c'est le meilleur film de l'année. 3. Il est certain que les acteurs sont des professionnels. 4. Il n'est pas vrai que le personnage principal puisse être sympathique. 5. Elle ne pense pas que beaucoup de spectateurs aillent voir le film. 6. Vous savez que le réalisateur veut faire une tournée de promotion ici. 7. Il n'est pas sûr que le traducteur sache comment traduire tous les mots d'argot. 8. Il est douteux que ce film ne puisse pas gagner un oscar.

3 1. Il n'est pas sûr que j'aille/tu ailles en Côte d'Ivoire pendant un semestre. 2. Il est évident que Malika partira au Maroc. 3. Tarik doute que nous sachions parler couramment français en juin. 4. Je ne pense pas que vous fassiez un régime. 5. Tu ne penses pas qu'ils puissent travailler à Montréal pendant l'été. 6. Il est douteux que tu aies un nouveau camarade de chambre. 7. Il n'est pas vrai qu'elles viennent aux soirées de la maison française. 8. Il est sûr qu'il achètera un nouvel ordinateur.

4 1. est 2. ait 3. allions 4. sache 5. veut 6. veulent/voudront 7. font/feront 8. puisse 9. finisse 10. vient

Leçon 30

3 1. une peinture 2. une publicité 3. une œuvre 4. un conte 5. un peintre 6. un jeu télévisé 7. les nouvelles 8. une histoire

4 1. publicité 2. informations 3. documentaire 4. gratuit 5. poétesse 6. expositions 7. chef-d'œuvre 8. feuilleton

5 1. faire les musées 2. un magazine 3. une critique 4. la sculpture 5. gratuit 6. un documentaire 7. les infos 8. des feuilletons

Espace structures

30.1

1 1. conduise 2. venir 3. invitions 4. étudier 5. ne soit pas 6. n'ayons pas 7. fasse 8. soit

2 1. à moins qu' 2. pour 3. à condition que 4. avant de 5. pour que 6. sans 7. jusqu'à ce que 8. avant qu'

3 Answers may vary slightly. 1. Oui, je vais payer le loyer à temps, à condition que vous acceptiez les chèques. 2. Non, je n'ai pas besoin de place de parking, à moins qu'elle soit gratuite. 3. Oui, j'utilise Internet pour étudier. 4. Je veux emménager avant que mon propriétaire fasse des travaux. 5. Oui, je prends ma douche le matin, avant de prendre mon petit-déjeuner. 6. Je cuisine tous les jours, à moins que j'aie trop de travail. 7. Je pense rester jusqu'à ce que mon/ma petit(e) ami(e) obtienne son diplôme. 8. J'ai besoin de deux clés pour que mes parents puissent en avoir une en cas d'urgence.

4 1. passes/puisses 2. ait 3. payer 4. trouvions 5. sache 6. connaisses 7. partir 8. parler 9. soit 10. puisse/sache

Panorama

1 1. Haïti 2. Saint-Martin 3. Saint-Barthélémy 4. la Guadeloupe 5. la Martinique 6. la Guyane française

2 1. 1902 2. deux 3. 1891/1895 4. 1903 5. 1791 6. 1804 7. 1973 8. 15.000

3 1. de pirogues 2. Paul Gauguin 3. Société 4. Rodolphe Vinh Tung 5. l'industrie perlière 6. la Polynésie française 7. la montagne Pelée 8. Saint-Pierre

4 1. Faux. L'île de Saint-Martin est en partie française. 2. Vrai. 3. Vrai. 4. Faux. Gauguin est inspiré par la nature qui l'entoure en Polynésie et par son environnement. 5. Faux. Les îles Marquises font partie de l'archipel de la Polynésie française. 6. Faux. Toussaint Louverture se proclame gouverneur d'Haïti et de Saint-Domingue. 7. Vrai. 8. Faux. L'industrie perlière a aidé à repeupler certains endroits ruraux abandonnés.

30.2

1 1. d 2. f 3. b 4. h 5. c 6. g 7. a 8. e

2 Some answers may vary. Suggested answers : 1. réussira 2. habite 3. est 4. veuille 5. fasse 6. prenne 7. peut/pourra 8. va/ira

3 1. Je pense que l'École des beaux-arts est très sélective. 2. Nous ne croyons pas que les étudiants puissent vendre leurs œuvres. 3. Il est nécessaire que les étudiants sachent bien dessiner. 4. Elle veut prendre des cours de sculpture. 5. Il est possible que nous allions à la réception ce soir. 6. Croyez-vous que les visiteurs veuillent connaître le sculpteur? 7. Tu veux que l'artiste sache que tu adores ses tableaux. 8. Il est essentiel que je fasse la connaissance de cette artiste.

4 1. finisse 2. sachiez 3. soit 4. croyez 5. ai peur d' 6. à moins que 7. est essentiel que 8. ne crois pas que 9. preniez 10. préfère

Savoir-faire

5

Crossword:
1 (down) TOUSSAINTLOUVERTURE
2 (down) MARYSECOND
3 (across) WYCLEFJEAN
4 (across) JEANJACQUESDESSALINES
5 (down) AIMECESAIRE
6 (down) PAULGAUGUIN
7 (across) GARCELLEBEAUVAIS
8 (across) RAPHAELCONFIANT

Unité 1

Espace contextes

1 1. *Introduction* 2. *Greeting* 3. *Introduction*
4. *Leave-taking* 5. *Introduction* 6. *Leave-taking*

2 1. e 2. d 3. c 4. b 5. a 6. f

3 1. c 2. a 3. b

Les sons et les lettres

4 1. François Rivière 2. Solène Maître
3. Clémence Déprès 4. Raphaël Délâtre
5. Océane Combrière 6. Noël Gérard

Espace structures

Structures 1.1

1 1. M 2. F 3. M 4. F 5. M 6. F 7. F 8. F

4 1. des 2. un 3. les / sociologie 4. ordinateurs
5. tableau 6. tables 7. une 8. objets

Espace contextes

1 1. Vrai 2. Faux 3. Faux 4. Vrai 5. Faux
6. Faux 7. Vrai 8. Faux

2 1. d 2. g 3. a 4. e 5. h 6. b 7. f 8. c

Les sons et les lettres

4 **AMÉLIE** Bonjour. Je m'appelle Amélie. Je suis étudiante en littérature.

NICOLAS Salut! Je m'appelle Nicolas. Je suis étudiant en sociologie à l'université.

AMÉLIE Il y a combien d'étudiants dans la classe de sociologie?

NICOLAS Il y a vingt-cinq étudiants.

AMÉLIE Il y a des ordinateurs dans la bibliothèque?

NICOLAS Oui il y a des ordinateurs et des télévisions.

AMÉLIE Pas mal!

Leçon 1

Structures 1.2

1 **Jeu 1:** *The following numbers should be marked: 2, 17, 35, 26, 52, 15, 8, 44, 13*

Jeu 2: *The following numbers should be marked: 18, 12, 34, 9, 0, 56, 41, 31, 58*

2 1. 57 2. 45 3. 0 4. 2 5. 23 6. 4

3 1. $3 + 7 = 10$ 2. $36 - 5 = 31$ 3. $10 + 27 = 37$
4. $39 - 7 = 32$ 5. $15 - 3 = 12$ 6. $44 + 7 = 51$
7. $56 + 4 = 60$ 8. $47 - 16 = 31$

Leçon 2

Espace structures

Structures 2.1

1 1. a 2. b 3. b 4. b

2 1. suis 2. est 3. sommes 4. sont 5. êtes 6. es

Structures 2.2

4 1. est 2. québécoise 3. ami 4. sont
5. l'université 6. sont 7. colocataires
8. sociologie 9. littérature 10. française
11. canadiens 12. américains 13. martiniquaise
14. italienne 15. intéressants 16. intelligents
17. sympathiques

Unité 2

Leçon 3

Espace contextes

1 1. personne 2. objet 3. endroit 4. cours
5. cours 6. endroit 7. objet 8. cours

2 1. a 2. b 3. b 4. a

3 1. e 2. c 3. f 4. a 5. b 6. d

Les sons et les lettres

4 ANNE Bonjour. Je m'appelle Anne.

PATRICK Enchanté. Je m'appelle Patrick. Tu
es étudiante?

ANNE Oui, je suis étudiante à l'université de
droit. Et toi?

PATRICK J'étudie la chimie, la biologie et
les maths.

ANNE Tes cours sont intéressants?

PATRICK Oui, ils sont très intéressants.

Espace structures

Structures 3.1

3 1. b 2. b 3. a 4. b 5. a 6. a

4 1. b 2. d 3. a 4. c

Structures 3.2

4 Answers may vary slightly. 1. Oui, elle adore
le cours de maths. 2. Non, elle déteste la
biologie. 3. Elle pense que le cours est difficile
et que le prof est désagréable. 4. Oui, il y a
des étudiants sympas 5. Non, le professeur
de physique n'est pas ennuyeux. 6. Non, il
n'y a pas d'étudiants stupides dans la classe
de David.

Espace contextes

1 1. Vrai 2. Faux 3. Faux 4. Vrai 5. Vrai
6. Faux 7. Vrai 8. Faux

3 1. m'appelle 2. habite 3. enseigne 4. explique
5. parlent 6. regardent 7. écoutent
8. travaillent 9. trouvent 10. mangeons

Les sons et les lettres

4 1. J'aime écouter le professeur de français.

2. Annie adore regarder la télévision.

3. Les étudiants trouvent le cours de littérature
intéressant.

4. Le premier jour de la semaine est le lundi.

5. Robert aime dîner au restaurant.

6. Ce soir, nous préparons l'examen
d'architecture.

Leçon 4

Espace structures

Structures 4.1

4 1. b 2. a 3. a 4. b 5. a 6. b

Structures 4.2

1 1. Vrai 2. Faux 3. Vrai 4. Faux 5. Vrai
6. Faux

3 1. 3:25 p.m. 2. 12:15 p.m. 3. 8:45 a.m.
4. 2:10 p.m. 5. 6:30 p.m. 6. 11:15 a.m.

Unité 3

Leçon 5

Espace contextes

1
1. Mathilde 2. Myriam 3. Gérard 4. Gérard
5. Lucie 6. Lise 7. Jérôme, Antoine et Tristan
8. Sophie 9. Myriam 10. Sophie

3
1. parents 2. mère 3. sœur 4. frère 5. mère
6. oncle 7. tante 8. enfants 9. cousin
10. cousines 11. père 12. belle-mère
13. demi-frère

Les sons et les lettres

4
1. L'époux de ma sœur est mon beau-frère.
2. Le père de ma mère est mon grand-père.
3. Le frère de ma mère est mon oncle.
4. Ma nièce regarde la télévision. 5. Hélène
est la fiancée de mon frère. 6. Michèle est
fière et heureuse. 7. Au lycée, les élèves sont
agréables. 8. Je préfère aller à la bibliothèque
l'après-midi.

Espace structures

Structures 5.1

4
1. *faux* 2. *vrai* 3. *vrai* 4. *faux* 5. *vrai* 6. *vrai*
7. *faux* 8. *faux*

Structures 5.2

1
1. my 2. their 3. your (familiar) 4. our
5. your 6. your (formal) 7. his/her 8. my

2
1. b 2. a 3. b 4. b 5. a 6. b 7. b 8. b

Leçon 6

Espace contextes

1
1. logique 2. logique 3. logique 4. illogique
5. illogique 6. logique 7. logique 8. illogique

2
1. actif/sportif 2. drôle 3. cruel/mauvais
4. intelligent 5. dentiste/artiste 6. architecte

3
1. b 2. c 3. / 4. e 5. / 6. d 7. / 8. a

Les sons et les lettres

4
1. Le frère aîné de Marie s'appelle André.
2. Le garçon étudie la leçon de français.
3. Ça va comme ci, comme ça.
4. François est égoïste et pénible.
5. Il a un diplôme de l'Université du Texas.
6. Ma maison, c'est mon château.

Espace structures

Structures 6.1

1
1. 01. 47.42.11.33 2. 01.82.15.21.57
3. 02.37.69.92.13 4. 05.77.81.12.54
5. 03.71.19.51.29 6. 04.21.11.99.36
7. 08.37.14.48.76 8. 02.85.91.12.51

3
Pour: Alban; De: Catherine; Téléphone:
01.78.61.94.81; Message: Catherine a envie
d'étudier avec Alban demain après-midi.

Structures 6.2

1
1. vrai 2. faux 3. faux 4. vrai 5. faux
6. faux 7. vrai 8. faux

3
1. Francine habite sur le campus. 2. La
résidence est loin des salles de classe. 3. Le
gymnase est à côté de la résidence. 4. La
bibliothèque est en face du café. 5. Le cinéma
est derrière le café. 6. Le théâtre est en face de
la bibliothèque.

Unité 4

Leçon 7

Espace contextes

1 1. a 2. a 3. b 4. b 5. a 6. b 7. a 8. a

2 1. d 2. a 3. e 4. c 5. b 6. f

3 1. a 2. b 3. b 4. b

Les sons et les lettres

4 1. Marine adore le cinéma le jeudi après-midi. 2. Ce kiosque près de l'église est très pratique. 3. J'adore ce lieu. 4. Tu passes au café plus tard? 5. Je cherche ma calculatrice. 6. Regarde sous ton cahier. 7. Il y a une épicerie à côté du musée. 8. Raphaël n'est pas là aujourd'hui.

Espace structures

Structures 7.1

1 1. il/elle/on 2. ils/elles 3. vous 4. il/elle/on 5. nous 6. ils/elles 7. il/elle/on 8. je

4 1. présent 2. futur 3. futur 4. futur 5. présent 6. futur 7. présent 8. présent

Espace contextes

1 1. limonade 2. sandwich 3. beurre 4. soif 5. verre/tasse 6. soupe

2 1. Illogique 2. Logique 3. Illogique 4. Illogique 5. Logique 6. Illogique 7. Logique 8. Logique

3 1. b 2. d 3. c 4. a

4 1. au café 2. lait 3. jambon beurre 4. fromage 5. de la soupe 6. bavarde 7. serveurs 8. pourboire

Les sons et les lettres

4 1. On a faim! Merci pour les croissants! 2. Une boisson gazeuse et un sandwich au jambon, s'il vous plaît! 3. Ta maison est loin. 4. Vous aimez le fromage avec le pain? 5. Un jeune garçon américain travaille ici. 6. Nous n'avons pas l'addition. 7. On va aller au restaurant près du grand magasin. 8. Mes voisins sont intelligents.

Leçon 7

Structures 7.2

1 1. Logique 2. Illogique 3. Logique 4. Illogique 5. Illogique 6. Logique 7. Logique 8. Illogique

4 1. Pauline aime son nouvel appartement parce qu'il est grand. 2. Il est au centre-ville, près du parc. 3. Elle est très sympa. 4. Deux personnes travaillent au musée, Pauline et sa cousine.

Leçon 8

Espace structures

Structures 8.1

1 1. comprendre 2. apprendre 3. boire 4. prendre 5. boire 6. apprendre 7. comprendre 8. prendre

3 1. a 2. b 3. b 4. a 5. a 6. b 7. a 8. a

Structures 8.2

2 1. b 2. b 3. a 4. b

4 1. Vrai 2. Faux 3. Faux 4. Vrai 5. Faux

Unité 5

Leçon 9

Espace contextes

1 1. désirer 2. tennis 3. bureau 4. match
5. bande dessinée 6. bricoler 7. maison 8. jeu

2 1. a 2. a 3. b 4. a 5. b 6. b 7. b 8. a

3 la femme

matin: jouer au tennis **midi:** préparer à manger
après-midi: aller en ville avec mes amies **soir:**
aller à un spectacle

l'homme

matin: aller à la pêche **midi:** apporter les
boissons **après-midi:** regarder un match à la
télévision **soir:** jouer aux cartes avec mon cousin

Les sons et les lettres

4 1. Je n'aime pas pratiquer le golf quand il
pleut. 2. Est-ce que tu joues souvent aux
échecs ou aux cartes? 3. D'accord. 4. Vous
apportez ctte bouteille d'eau et j'apporte les

verres 5. Ce soir, nous regardons un film et
après, nous bavardons. 6. On joue au tennis le
lundi, au football le mardi et au volley le jeudi.
7. Je prends parfois des bandes dessinées à la
bibliothèque. 8. Il est triste, il n'y a pas de
spectacle ce soir.

Espace structures

Structures 9.1

1 1. faisons 2. fais 3. font 4. faites 5. fais
6. fait 7. font 8. faisons

4 1. fait 2. fait 3. fait 4. font 5. faisons 6. fais
7. font 8. faites

Structures 9.2

2 1. sentir 2. servir 3. partir 4. sortir
5. dormir 6. courir 7. partir 8. sortir

4 a. 6 b. 3 c. 5 d. 8 e. 4 f. 1

Espace contextes

1 a. 4 b. 2 c. 3 d. 1

2 1. vent 2. bon 3. printemps 4. janvier
5. beau 6. 2 mars

Les sons et les lettres

4 1. Il fait mauvais cette semaine. 2. En cette
saison, j'aime marcher et aller à la pêche.
3. Je vais passer chez mes parents cet après-
midi. 4. Ici, il fait frais en juillet. 5. Cet été,
c'est son premier anniversaire. 6. C'est en mai,
mais on commence à étudier en février.
7. J'ai un problème avec mon secret. 8. Elle
est américaine, mais son frère est mexicain.

Leçon 10

Espace structures

Structures 10.1

1 1. 104 2. 184 3. 318 4. 1.999 5. 6.745
6. 200.003 7. 9.021 8. 850.000

2 1. 1.290 2. 375.000 3. 650 4. 3.175
5. 500.000.000 6. 199

3 1. Vrai 2. Faux 3. Vrai 4. Faux 5. Faux
6. Vrai

Structures 10.2

1 1. b 2. a 3. b 4. b

4 1. emmener 2. acheter 3. posséder 4. espérer
5. payer 6. célébrer 7. nettoyer 8. protéger

Unité 6

Leçon 11

Espace contextes

1 1. Illogique 2. Illogique 3. Logique
4. Logique 5. Illogique 6. Illogique
7. Logique 8. Illogique

2 1. c 2. b 3. a 4. b

3 Answers may vary slightly. 1. Véronique organise une fête pour Charlotte. 2. La fête est samedi prochain. 3. On organise cette fête parce que c'est l'anniversaire de Charlotte. 4. Elle invite quelques amis de l'université 5. Marc et Nathalie achètent le cadeau. 6. Benoît apporte de la musique. 7. Le gâteau est au chocolat. 8. Les invités vont danser à la fête.

Les sons et les lettres

4 1. Jérôme donne un joli tableau à Rose pour sa fête. 2. Ce soir, Paul et Charlotte vont manger dans un nouveau restaurant japonais. 3. Je bois un chocolat chaud et un jus d'orange tôt

le matin. 4. L'hôtesse fait des décorations pour sa maison. 5. Pour l'anniversaire de Pauline, il y a un gros gâteau et de beaux cadeaux. 6. Nos copains sont marocains.

Espace structures

Structures 11.1

1 1. cette 2. ce 3. ces 4. cet 5. cette 6. cet
7. cette 8. cet

Structures 11.2

1 1. passé composé 2. passé composé 3. présent
4. passé composé 5. présent 6. présent
7. passé composé 8. présent

4 A déjà préparé: le champagne, les jus de fruit, l'eau minérale, la mousse au chocolat, le gâteau, les biscuits, différentes glaces, le cadeau.

N'a pas encore préparé: les sodas, les bonbons, la glace au café, le paquet-cadeau

Leçon 12

Espace contextes

1 1. Logique 2. Illogique 3. Illogique 4. Illogique
5. Logique 6. Logique 7. Illogique 8. Logique

2 1. b 2. b 3. b 4. a 5. a 6. a

5 1. La vendeuse s'appelle Corinne. 2. Oui, il y a des gants et des sacs à mains dans ce magasin. 3. La dame achète une jupe et un tee-shirt. 4. Non, il n'est pas possible d'acheter des vêtements pour homme dans ce magasin.

Les sons et les lettres

4 1. Eugène est un jeune homme sérieux et généreux. 2. Ma sœur est à l'heure à son travail. 3. La vendeuse porte un joli tailleur bleu. 4. Mon ordinateur n'est pas tout jeune, il est vieux.

Espace structures

Structures 12.1

1 1. a 2. b 3. a 4. b 5. a 6. b

Structures 12.2

1 1. attendre 2. vendre 3. répondre 4. rendre visite 5. perdre 6. entendre 7. perdre
8. conduire

4 1. rends visite 2. conduis 3. descends
4. attendent 5. entendent 6. sourient
7. perdons 8. promets 9. rendre visite
10. conduisent

Unité 7

Leçon 13

Espace contextes

1 1. une station de ski 2. le vol 3. un arrêt de bus 4. la douane 5. l'Europe 6. la valise 7. la Suisse 8. le bureau

2 1. b 2. a 3. a

3 1. V 2. F 3. F 4. V 5. F 6. F 7. F 8. F

Les sons et les lettres

4 1. J'habite au Québec parce que j'étudie la philosophie et la psychologie à l'université de Montréal. 2. Quand je fais un séjour à la Martinique, je prends beaucoup de photos. 3. Claude est à la montagne en Espagne. 4. Théo adore la géographie et l'architecture. 5. Philippe et Laïla prennent un thé au café. 6. Il y a de beaux livres sur les chiens et les chats dans cette bibliothèque.

Espace structures

Structures 13.1

1 1. avoir 2. être 3. avoir 4. être 5. être 6. avoir 7. être 8. être

4 Answers may vary. 1. Non, Patrick n'est pas fatigué. 2. Magali est sortie avec Louis. 3. Ils sont allés dans une boîte de nuit à St Germain. 4. Ils sont tombés sur des copains de Magali. 5. Ils sont allés manger des croissants au Café de la Gare. 6. Magali est rentrée chez elle à trois heures du matin.

Structures 13.2

1 1. a 2. b 3. b 4. a 5. a 6. b 7. b 8. a

Leçon 14

Espace contextes

1 1. le restaurant 2. la réception 3. passager 4. un ascenseur 5. chanter 6. un étage 7. un lit 8. le passager

2 1. F 2. F 3. V 4. F 5. F 6. V 7. F 8. F

3 1. auberges de jeunesse 2. chambres 3. lits 4. en vacances 5. réservations 6. réception 7. étages 8. ascenseur

Les sons et les lettres

4 1. Attention! Vous avez une mission importante. 2. Il est médecin? Ça c'est une profession utile. 3. Garçon! L'addition, s'il vous plaît. 4. Christine a fait des réservations. 5. De quelle nationalité est Sébastien? 6. Christian est patient et il cherche tous les mots nouveaux dans son dictionnaire.

Espace structures

Structures 14.1

3 1. I 2. L 3. I 4. L 5. L 6. I 7. I 8. L

4 Answers may vary. 1. Léa est heureuse parce qu'elle a fini ses examens. 2. Elle espère qu'elle a réussi. 3. La robe verte est serrée parce que Léa a grossi. 4. Oui, la robe rouge est assez large. 5. Léa préfère une robe un peu large parce qu'en vacances, elle ne maigrit pas. 6. Léa choisit la robe rouge.

Structures 14.2

1 1. nous 2. tu 3. vous 4. tu 5. nous 6. vous 7. vous 8. tu

4 Answers may vary. 1. N'allez pas au Café de la Gare, allez à la bibliothèque de l'université. 2. Ne jouez pas aux cartes, étudiez. 3. Ne buvez pas de bière quand vous avez des examens. 4. Ne sortez pas en boîte et dormez au moins huit heures.

Unité 8

Leçon 15

Espace contextes

1 1. b 2. f 3. d 4. c 5. a 6. e

2 1. le fauteuil 2. les toilettes 3. la baignoire 4. le mur 5. le balcon 6. le garage 7. le quartier 8. l'étagère

3 1. I 2. L 3. L 4. I 5. I 6. I 7. L 8. L

Les sons et les lettres

4 1. Ce sont trois hommes très élégants. 2. Dans son salon, elle a un très beau tapis. 3. La salle à manger est assez grande pour ses invités. 4. Susanne a besoin de louer un studio dans une résidence universitaire. 5. Cette grosse femme rousse est une chanteuse remarquable. 6. Ce spectacle est amusant et intéressant.

Espace structures

Structures 15.1

1 1. a 2. c 3. b 4. a 5. b 6. c

Structures 15.2

1 1. a 2. b 3. c 4. a 5. b 6. c 7. a 8. b 9. c 10. b

Espace contextes

1 1. Illogique 2. Logique 3. Logique 4. Illogique 5. Illogique 6. Logique 7. Illogique 8. Illogique

3 (Answers may vary) 1. Non, les amies de Julie ne l'ont pas aidée à ranger la cuisine. 2. Dans l'évier, il y a de la vaisselle sale. 3. Il y a un balai, un aspirateur un grille-pain, une table à repasser, un fer à repasser. 4. Julie a fait la vaisselle, elle a passé l'aspirateur, elle a rangé le grille-pain, la table à repasser, le balai et l'aspirateur. Elle a nettoyé l'évier et elle a sorti la poubelle.

Les sons et les lettres

4 1. Hier soir, Antoine est rentré chez lui à minuit.

2. Aujourd'hui, c'est l'anniversaire de Mathieu.

3. Nous avons besoin de finir de faire la vaisselle et de balayer la cuisine.

Leçon 16

4. Louis va travailler en Suisse pour la première fois.

5. Grégoire aime beaucoup jouer avec ses trois chiens.

6. Damien n'est pas brillant et il a échoué à son examen d'histoire.

Espace structures

Structures 16.1

1 1. I, PC 2. I, PC 3. PC, I 4. I, I 5. PC, PC 6. I, PC 7. I, PC 8. PC, I

3 1. F 2. V 3. F 4. V 5. F 6. V 7. V

Structures 16.2

1 1. b 2. a 3. b 4. b 5. a 6. b

4 1. F 2. V 3. V 4. F 5. F 6. V

Unité 9

Leçon 17

Espace contextes

1 1. viande 2. légumes 3. fruits 4. poisson
5. légumes 6. viande 7. viande 8. fruits
9. légumes 10. légumes

2 1. f 2. h 3. g 4. e 5. a 6. d 7. c 8. b

3 *Léa*: PC: Fruits de mer; VP: poisson du jour;
L: riz, haricots verts; D: éclair au café; B: eau
minérale

Théo: PC: pâté de campagne; VP: poulet;
L: frites; D: glace au chocolat; B: vin rouge

Les sons et les lettres

4 1. La semaine dernière à la cantine, la
nourriture était délicieuse. 2. À midi j'aime
prendre une salade de tomates, une saucisse
avec des frites et une pêche. 3. Je ne sais pas si

c'est un livre intéressant, je ne l'ai pas encore
lu. 4. J'adore un bon steak et une salade
verte. 5. L'amie de mon frère est une jeune
femme intelligente. 6. Ma mère a préparé des
tartelettes aux fraises.

Espace structures

Structures 17.1

1 1. PR 2. PR 3. FP 4. PR 5. FP 6. FP 7. PR
8. FP

Structures 17.2

3 1. F 2. F 3. F 4. V 5. V 6. F

4 1. je peux 2. Je dois 3. nous devons
4. Pouvez-vous 5. nous voulons 6. doivent
7. peut 8. pouvons 9. pouvez 10. je peux

Leçon 18

Espace contextes

1 1. L 2. I 3. I 4. I 5. I 6. I 7. L 8. I

2 1. a 2. b 3. b 4. a 5. a 6. b

3 1. mettre la table 2. les assiettes, les bols,
les verres, les fourchettes, les couteaux et les
cuillères 3. les serviettes, le sel, le poivre, la
moutarde et la carafe d'eau

Les sons et les lettres

4 1. Caroline met la nappe, les serviettes et
la carafe d'eau sur la table. 2. Dans ce
restaurant, ils servent une soupe de poisson
délicieuse! 3. Paul et Luc ont commandé du
pâté en entrée. 4. Anne et Jacques sont venus

dîner chez moi. 5. Mes amis vont souvent
au marché, mais aujourd'hui il fait froid et
ils restent chez eux. 6. Des frites avec de la
mayonnaise, j'adore ça!

Espace structures

Structures 18.1

1 1. b 2. a 3. a 4. b 5. b 6. b

Structures 18.2

1 1. b 2. a 3. b 4. b 5. b 6. a

4 1. la lui prépare 2. le lui dire 3. me les a
données 4. te le faire 5. le lui acheter
6. la lui prendre

Unité 10

Leçon 19

Espace contextes

1 1. b 2. a 3. a 4. b

3 1. V 2. V 3. F 4. F 5. V 6. F 7. F

Les sons et les lettres

4 1. Alexandra a dîné avec ses amis dans un bon restaurant de Paris. 2. Ton ami américain, où habite-t-il: en France ou aux États-Unis? 3. Nicolas habite sur la côte d'Azur, à côté de Nice. 4. Monsieur Dupont a fermé son magasin et il est parti en vacances dans une ferme. 5. Moi, je travaille dans ce bureau depuis six mois. 6. Je ne sais pas quel âge a son grand-père, mais c'est un homme âgé.

Espace structures

Structures 19.1

Structures 19.2

1 1. a 2. b 3. b 4. a

3 1. V 2. V 3. F 4. F 5. F 6. V 7. F 8. F

Leçon 20

Espace contextes

1 1. a 2. b 3. a 4. b

2 1. mal au cœur (S) 2. la pharmacie (E)
3. une aspirine (T) 4. la cheville foulée (D)
5. l'hôpital (E) 6. la grippe (D) 7. enceinte (D)
8. une allergie (D) 9. la salle des urgences (E)
10. une piqûre (T)

Les sons et les lettres

4 1. Paul est tombé et maintenant il a le bras cassé. 2. Pauvre Caroline! Elle a mal au cœur et elle tousse beaucoup. 3. Tu peux choisir entre une pilule ou une piqûre. 4. Thomas a des problèmes et il est déprimé. 5. Tous les matins, Monsieur Martin part travailler en train. 6. Prends des petits pois et des carottes avec ton poisson.

Espace structures

Structures 20.1

1 1. PC 2. I 3. I 4. PC 5. P 6. PC 7. I 8. P
9. P 10. PC

4 1. s'est énervée 2. s'est arrêtée 3. s'est inquiétée 4. se dépêchait 5. se sont promenées 8. se sont arrêtées 9. s'est trompée 10. s'est mise en colère 11. s'est rendue compte 12. se disputer

Structures 20.2

1 1. a 2. b 3. b 4. b 5. b 6. a 7. a 8. b

4 2. Oui, c'est la première fois que nous y venons. 4. Oui, nous en avons un. 6. Oui, j'en ai une. 8. Oui, je vais lui en faire une.

Unité 11

Leçon 21

Espace contextes

1 1. CD 2. page d'accueil, être connecté
3. éteindre 4. téléphone, portable 5. fermer,
sauvegarder 6. télévision, stéréo

2 1. Logique 2. Illogique 3. Illogique
4. Logique 5. Illogique 6. Logique
7. Logique 8. Illogique

3 1. c 2. b

Les sons et les lettres

4 1. Tarik et Didier font de la gym au parc.
2. Zut! Mon jean ne va pas avec mon pull et
mes baskets. 3. Nous prenons l'avion pour
un week-end au Brésil, en mars. 4. Achète du
riz, cinq steaks et des yaourts. 5. Leur chef du
marketing est aussi prof à la fac. 6. Il y a au
minimum huit familles dans le camping.
7. Luc et un autre mec sont allés voir un film.
8. Son mot de passe marche pour le web et les
e-mails.

Espace structures

Structures 21.1

1 1. à 2. de 3. de 4. à 5. pas de préposition
6. de 7. pas de préposition 8. à

2 1. de 2. de 3. à 4. à 5. de 6. d' 7. de 8. à

4 1. a 2. b 3. b 4. a 5. a 6. b

Structures 21.2

3 1. se connaître 2. s'entendre 3. se quitter
4. s'adorer 5. se dire 6. se téléphoner
7. se disputer 8. se reparler

4 a. 4 b. 6 c. 1 d. 3 e. 8

Espace contextes

1 1. Illogique 2. Illogique 3. Logique
4. Illogique 5. Logique 6. Logique
7. Illogique 8. Logique

2 1. Visite pas nécessaire 2. Visite chez le
mécanicien nécessaire 3. Visite pas nécessaire
4. Visite chez le mécanicien nécessaire 5. Visite
chez le mécanicien nécessaire 6. Visite pas
nécessaire 7. Visite pas nécessaire 8. Visite
chez le mécanicien nécessaire

3 1. a. Faux b. Vrai c. Faux 2. a. Vrai b. Faux
c. Vrai

Les sons et les lettres

4 1. Deux cent dix-huit? C'est le maximum?
2. Tu veux envoyer ce fax à six heures?
3. Impossible d'explorer la ville quand le temps
est orageux. 4. Il faut se relaxer après les
examens. 5. Ce restaurant mexicain est mieux

Leçon 22

pour eux. 6. Ces dix exercices sont excellents,
mais ils n'ont pas d'exemple. 7. Mes neveux
ont exactement les mêmes yeux et les mêmes
cheveux. 8. Ces deux époux sont jaloux.

Espace structures

Structures 22.1

1 1. découvrir 2. offrir 3. souffrir 4. couvrir
5. découvrir 6. ouvrir 7. couvrir 8. offrir

4 1. a 2. a 3. b 4. a

Structures 22.2

1 1. où 2. qui 3. que 4. dont 5. qui 6. où
7. que 8. dont

2 1. b 2. a 3. b 4. b 5. b 6. a

3 1. qui 2. que 3. où 4. qui 5. dont 6. qui
7. que 8. où

Unité 12

Leçon 23

Espace contextes

1 1. Illogique 2. Logique 3. Logique 4. Illogique 5. Logique 6. Illogique 7. Logique 8. Illogique

2 1. Laverie Express 2. Bijouterie Reslin/avenue Mazarin 3. Le Grand Café 4. Parc Henri Verneuil 5. Faculté des sciences 6. Banque Nationale 7. Boutique Maricci 8. papeterie St Jean

Les sons et les lettres

4 1. Les enfants ont l'habitude d'écouter une histoire le soir. 2. Hector était un grand homme, un vrai héros. 3. Ton sac à main a coûté huit cents euros. 4. Heureusement que les gens sont honnêtes! 5. J'ai fêté Halloween avec Henri, qui était de très bonne humeur! 6. Nous habitons à l'hôtel. 7. À cette heure-ci, il joue au hand-ball. 8. Hier, notre hôte nous attendait dans le hall.

Espace structures

Structures 23.1

1 1. aperçois 2. ont reçu 3. reçoit 4. aperçoit 5. avons aperçu 6. reçoivent

Structures 23.2

1 1. ne... personne 2. ne... plus 3. ne... jamais 4. personne 5. ne... que 6. ne... rien 7. ne... personne 8. ne... que

4 1. Vrai 2. Faux 3. Vrai 4. Vrai 5. Faux

Leçon 24

Espace contextes

2 1. Vrai 2. Faux 3. Vrai 4. Faux 5. Faux 6. Faux

3 1. directions 2. boulevard 3. tournez 4. pont 5. traverser 6. continuez 7. tout droit 8. bâtiment

Les sons et les lettres

1 1. b 2. a 3. a 4. a 5. a 6. b 7. a 8. a

2 1. Majuscule 2. minuscule 3. minuscule 4. Majuscule 5. minuscule

3 1. On est le jeudi 2 octobre. 2. Est-ce que je dois le faire tout de suite? 3. Les Français parlent mal anglais. 4. Mon mari est allemand, mais nous vivons en France. 5. La tour Eiffel est à l'est de la cathédrale Notre-Dame de Paris. 6. Le président des États-Unis doit être de nationalité américaine. 7. L'église Saint-Pierre se trouve sur le boulevard Zola. 8. «Un peu plus loin sur la gauche» est le dernier livre de Paul Delaporte.

Espace structures

Structures 24.1

1 1. suivre 2. continuer 3. acheter 4. traverser 5. se perdre 6. rester 7. partir 8. s'habiller

Structures 24.2

1 1. aller 2. être 3. savoir 4. faire 5. faire 6. savoir 7. aller 8. avoir

2 1. a 2. a 3. b 4. a 5. b 6. b 7. a 8. b

3 1. a 2. b 3. b 4. a 5. b 6. b

4 1. Faux 2. Faux 3. Vrai 4. Faux 5. Vrai 6. Vrai

Unité 13

Leçon 25

| Espace contextes |

1 1. trouver un travail 2. spécialiste 3. prendre un rendez-vous 4. référence 5. combiné 6. candidat 7. embaucher 8. laissez un message

2 1. Logique 2. Logique 3. Illogique 4. Illogique 5. Logique 6. Illogique 7. Illogique 8. Logique

3 1. Vrai 2. Faux 3. Faux 4. Faux 5. Faux 6. Vrai

| Les sons et les lettres |

1 1. Voici ce que je dois acheter au marché: des carottes, des tomates et du fromage. 2. Tu n'as pas encore commencé tes devoirs? Tu vas peut-être les faire cette nuit! 3. Monsieur Grosjean... euh... m'avez-vous téléphoné? 4. Ma sœur a répondu: "Je t'attends depuis deux heures et quart!" 5. Vous pouvez entrer, Madame. 6. Nous n'avons pas pu sortir hier soir; il pleuvait trop fort.

| Espace contextes |

1 1. étudiant 2. vétérinaire 3. chauffeur de camion 4. femme au foyer 5. plombier 6. homme politique 7. agent immobilier 8. chercheuse

2 1. b 2. a 3. a 4. b 5. a 6. a

3 a. 4 b. 1 c. 2/1 d. 5

| Les sons et les lettres |

4 1. Il est le leader de notre équipe de managers en marketing. 2. Faites-moi un briefing sur le brainstorming de cet après-midi. 3. Le chat en ligne est un challenge pour mes grands-parents. 4. Tu as pensé à prendre des corn-flakes et des chips? 5. Il travaille dans le design et le e-commerce. 6. Nous préférons la house au new age. 7. On va au fast-food ou on reste à la maison pour faire du zapping? 8. Je dois choisir entre un peeling et un lifting.

2 1. J'ai rencontré M. et Mme Bernard et leurs enfants hier. 2. M. Petit sera là dans trente minutes et il pourra vous recevoir. 3. On est le douze décembre deux mille un. 4. L'homme a répondu: «Personne n'est entré par cette porte.» 5. Melle Simon finira tôt le mardi, mercredi et jeudi. 6. Le livre que je lis en ce moment c'est: «Une saison à la mer.» 7. Il travaille pour Pierre et Fils depuis le 4 février. 8. Nous avons garé la voiture à deux cents mètres, devant le garage de Mme Latour.

| Espace structures |

Structures 25.1

3 1. b 2. a 3. b 4. b 5. a 6. b

Structres 25.2

1 1. lequel 2. auquel 3. lequel 4. desquels 5. lequel 6. lesquels 7. duquel 8. laquelle

3 1. a 2. b 3. a 4. a 5. b 6. a 7. a 8. b

Leçon 26

| Espace structures |

Structures 26.1

1 1. pouvoir 2. renvoyer 3. commencer 4. être 5. faire 6. diriger

2 1. futur 2. conditionnel 3. conditionnel 4. futur 5. conditionnel 6. futur 7. conditionnel 8. conditionnel

4 1. pourrais 2. deviendrais 3. travaillerions 4. pourrions 5. gagnerions 6. assisterais 7. obtiendrais 8. seraient

Structures 26.2

1 1. a 2. a 3. b 4. a 5. b 6. b

Unité 14

Leçon 27

Espace contextes

1 1. gaspiller 2. ramassage des ordures 3. effet de serre 4. solution 5. plein air 6. loi 7. énergie solaire 8. danger

2 1. b 2. a 3. a 4. b 5. a 6. b

3 1. Faux 2. Vrai 3. Faux 4. Faux 5. Vrai 6. Faux

Les sons et les lettres

4 1. La biologie est une science importante.

2. Cette histoire ressemble à mon histoire.

3. Un grand nombre de visiteurs est arrivé en décembre.

4. Mon oncle est architecte et ma tante, journaliste.

5. Le titre de sa thèse est complètement différent.

6. Ce restaurant offre un excellent bœuf aux oignons et aux tomates.

7. Cette table et ces chaises sont de qualité.

8. Madame déteste le pessimisme en général.

Espace contextes

1 1. préserver 2. rivière, lac 3. promenade, marche 4. bois, forêt 5. champ 6. montagne

2 1. Logique 2. Logique 3. Illogique 4. Logique 5. Illogique 6. Illogique 7. Illogique 8. Logique

3 1. Faux 2. Vrai 3. Vrai 4. Faux 5. Faux 6. Vrai

Les sons et les lettres

4 1. Ce garçon se coiffe devant ce miroir. 2. Je veux bien, mais il ne veut pas parce qu'il a très peu de temps. 3. Il lit sur son lit. 4. Son mari et elle sont fous de ce son. 5. J'en ai marre de tous ces gens. 6. Cet été, nous avons été très occupés. 7. Cet homme et cette femme ont sept enfants. 8. J'ai bu un verre d'eau minérale au café.

Espace structures

Structures 27.1

1 1. g 2. c 3. b 4. h 5. a

3 1. Logique 2. Logique 3. Illogique 4. Logique 5. Logique 6. Illogique 7. Illogique 8. Logique

Structures 27.2

1 1. abolissions 2. aidiez 3. connaissent 4. travaillent 5.intéressions 6. arrêtent 7. interdise 8. proposiez

4 1. changions 2. arrêtions 3. apprennent 4. achetions 5. utilise 6. essayions 7. continuent 8. arrivions

Leçon 28

Espace structures

Structures 28.1

1 1. être 2. arrêter 3. faire 4. faire 5. avoir 6. prendre

3 a. 4 b. 6 c. 1 d. 5 e. 2 f. 8

4 1. Vrai 2. Faux 3. Faux 4. Vrai 5. Vrai

Structures 28.2

1 1. autant de 2. moins de 3. le plus de 4. moins de 5. autant de 6. le moins de 7. plus de 8. moins de

3 1. b 2. a 3. b 4. b 5. a 6. b

4 1. Il y a plus d'animaux dans le parc. 2. Il y a plus d'endroits à explorer dans le parc. 3. Le parc a plus de touristes en cette saison./Les volcans ont moins de touristes en cette saison. 4. Les volcans ont moins de charme./Le parc a plus de charme. 5. Il y a plus de pierres pour sa collection près des volcans./Il y a moins de pierres pour sa collection dans le parc. 6. Il y autant d'herbe près des volcans.

Unité 15

Espace contextes

1 1. g 2. f 3. h 4. d 5. c 6. a 7. b 8. e

2 1. séance 2. gratuit 3. réalisatrice, joueur de batterie 4. place 5. dramaturge 6. compositeur

3 a. 4 b. 6 c. 3

Les sons et les lettres

4 1. Ils arriveront vers une heure. 2. J'ai un appartement agréable, François aussi, mais on aimerait habiter ensemble. 3. Vous allez arriver chez eux avant elle. 4. C'est incroyable comme ils ont l'air de peu apprécier ses indications 5. Mon ordinateur idéal aurait un grand écran. 6. Il y en a encore un ou deux pour après-demain. 7. Ils les emmèneront au théâtre avec eux quand ils auront six ans. 8. Plus on avance, moins on aperçoit ce petit hall.

Espace structures

Structures 29.1

4 1. Ce couple a vu une pièce (de théâtre).
2. Elle dit qu'elle a rarement vu une aussi belle performance./ Elle dit qu'elle en a rarement

Espace contextes

1 1. Logique 2. Logique 3. Logique 4. Illogique 5. Illogique 6. Ilogique 7. Illogique 8. Illogique

2 1. b 2. b 3. a

3 1. On peut voir les infos à dix-neuf heures et à vingt-trois heures trente. 2. Le jeu télévisé s'appelle «C'est la télé». 3. Un écrivain découvre que, bizarrement, l'un de ses romans décrit le passé secret de sa femme. 4. C'est un magazine sur les arts. 5. L'invité est Éric Bernier. 6. Non, il est auteur-compositeur-interprète.

Les sons et les lettres

4 1. La S.N.C.F vous souhaite un bon voyage.
2. Ces produits sont chers à cause de la T.V.A
3. C'est dommage de s'arrêter au C.A.P., tu devrais aussi passer ton bac. 4. Tu devrais

Leçon 29

vu une aussi belle. 3. Il croit qu'il a déjà vu l'acteur jouer et qu'il jouait le rôle du fils.
4. Elle aimerait bien revoir la pièce./Elle irait bien revoir la pièce. 5. Il veut prendre des places plus près la prochaine fois parce qu'il ne voyait pas bien (la scène). 6. Elle suggère qu'il change ses lunettes parce qu'il y verrait mieux.

Structures 29.2

1 1. pouvoir 2. savoir 3. vouloir 4. pouvoir 5. aller 6. savoir 7. aller 8. vouloir

3 1. subjonctif 2. subjonctif 3. indicatif 4. subjonctif 5. indicatif 6. subjonctif 7.indicatif 8. subjonctif

4 1. Il doute que beaucoup de spectateurs aillent voir le film. 2. Il ne pense pas que le réalisateur sache faire des films. 3. Il est impossible que des spectateurs puissent s'intéresser au personnage principal/à un personnage principal aussi ennuyeux. 4. Il dit qu'il n'est pas sûr qu'il ait compris toute l'histoire. 5. Il trouve que le film est loin d'être une réussite.

Leçon 30

aller à l'A.N.P.E. pour trouver un stage.
5. La R.A.T.P. et le R.E.R. ne fonctionnent pas aujourd'hui. 6. Ces ouvriers gagnent le SMIC.
7. J'ai vu le film en V.F. 8. Les enfants aiment lire des B.D.

Espace structures

Structures 30.1

1 1. avant que 2. pour 3. avant de 4. pour que 5. sans 6. avant de 7. sans que 8. pour que

2 1. a 2. a 3. b 4. b 5. a 6. b

4 a. 3 b. 1 c. 6 d. 4

Structures 30.2

1 1. pas de subjonctif 2. pas de subjonctif 3. subjonctif 4. pas de subjonctif 5. subjonctif 6. subjonctif 7. pas de subjonctif 8. subjonctif

4 a. 3 b. 1 c. 5 d. 4 e. 2

Unité 1

1 Answers will vary.

2 1. c 2. b 3. e 4. a 5. d 6. g 7. f

3 1. A 2. R 3. D 4. A 5. R 6. S

4 1. Bonjour 2. problème 3. Madame
4. beaucoup 5. au revoir

5 1. vrai 2. faux 3. faux 4. faux 5. faux

1 Answers will vary.

2 a. 2 b. 1 c. 3 d. 5 e. 4

3 1. intelligent 2. brillant 3. classe 4. professeur
5. cahier 6. livre 7. fenêtres 8. filles

4 1. A 2. D 3. V 4. D 5. V 6. A

5 Some answers may vary. Suggested answers:
1. Rachid 2. Amina 3. Sandrine 4. Madame

Unité 2

1 Answers will vary.

2 1. R 2. D 3. R 4. An 5. An 6. R 7. D 8. An

3 1. f 2. a 3. h 4. g 5. e 6. d 7. b 8. c

4 Checked items: 1, 3, 5, 7, 9

5 1. faux 2. faux 3. vrai 4. faux 5. vrai
6. faux 7. vrai 8. vrai 9. faux 10. faux

1 Answers will vary.

2 1. S 2. D 3. R 4. As 5. D 6. R 7. St 8. R

3 1. d'accord 2. passer 3. livres 4. envie
5. copains 6. oublient

4 a. 2 b. 4 c. 1 d. 5 e. 3

Unité 3

1 Answers will vary.

2 Check 2, 3, 5, 7, 8, 9

3 1. e 2. h 3. f 4. b 5. g, c 6. a 7. b, d 8. a

4 1. faux 2. vrai 3. vrai 4. vrai 5. faux 6. vrai
7. faux 8. faux 9. vrai 10. faux

5 1. cousin; ami 2. Michèle; Amina/timide;
curieuse 3. vingt-quatre; dix-sept 4. adore;
déteste 5. espagnol-français; anglais-français/
espagnol; anglais 6. littérature; chimie

Leçon 1

6 Answers will vary. Possible answer: Madame
Forestier is angry at Stéphane over his poor
grade on a French test. Rachid is trying to
distract her by introducing David.

7 Answers will vary.

Leçon 2

Forestier 5. David 6. Rachid 7. Sandrine
8. Rachid 9. Sandrine, Madame Forestier,
Stéphane, Amina, Rachid 10. Rachid

6 1. vrai 2. faux 3. vrai 4. faux 5. vrai 6. faux

7 Answers will vary.

Leçon 3

6 Answers will vary. Possible answer: Stéphane
is complaining about his classes. He doesn't
like his French teacher and has been making
poor grades. He has trouble with several of
his classes.

7 Answers will vary.

Leçon 4

5 1. b 2. e 3. a 4. e 5. c

6 1. faux 2. vrai 3. faux 4. vrai 5. faux 6. vrai

7 Answers will vary.

Leçon 5

7. quarante-sept; cinquante 8. célibataire; marié
9. chat; chien 10. pessimiste; optimiste

6 Answers may vary slightly. 1. Non, elle ne mange
pas. 2. Elle a besoin de travailler (encore un peu).
3. Il y a un cahier de chimie, des livres de français,
une calculatrice, un dictionnaire anglais-français
et des photos. 4. Il n'aime pas Charles. 5. Ils ont
trois enfants. 6. C'est une idée géniale parce que
Rachid est un étudiant intelligent et sérieux.

7 Answers will vary.

1 Answers will vary.

2 1. A 2. R 3. S 4. S 5. R 6. St 7. D 8. R

3 1. e 2. b 3. f 4. c

4 Check 3, 7, 9

5 1. b 2. a 3. c 4. b 5. c 6. b 7. a 8. c

6 Answers may vary slightly. 1. Le téléphone est sur la table, à côté de la porte. 2. Stéphane appelle Sandrine au téléphone. 3. Stéphane

Unité 4

1 Answers will vary.

2 1. P 2. S 3. P 4. D 5. S 6. A 7. S 8. A 9. D 10. S

3 Checked items: 2, 3, 6, 7

4 1. qui 2. Quoi 3. où 4. près de, en face 5. combien 6. sur 7. centre-ville, banlieue 8. Pourquoi

1 Answers will vary.

2 1. S, A 2. S 3. D 4. R 5. S, A 6. D, R

3 1. Sandrine 2. personne 3. Sandrine, Amina 4. Sandrine 5. Sandrine, Amina 6. Amina 7. personne 8. Amina

4 1. c, d 2. b, f 3. e 4. b 5. d 6. c, d

5 Answers will vary. Possible answers: 1. Amina a envie de manger un sandwich jambon-fromage avec des frites. 2. Amina et Sandrine

Unité 5

1 Answers will vary.

2 1. D 2. R 3. D 4. S 5. R 6. R

3 Checked items: 1, 2, 4, 6, 7, 8, 9, 11, 12, 13

4 1. l'histoire-géo 2. le foot 3. les sports 4. du ski 5. de la planche à voile 6. nager

1 Answers will vary.

2 Checked items: 1, 7, 11

3 a. 2 b. 4. c. 1 d. 6 e. 3 f. 5

4 1. D 2. S 3. S 4. R 5. S 6. R

Leçon 6

pense que Sandrine est pénible parce qu'elle parle beaucoup de Pascal. 4. La famille de Rachid est grande: il y a ses grands-parents, ses parents, ses sœurs et son frère. 5. Ils préparent le bac parce que Stéphane a envie d'être architecte/parce qu'il a peur de sa mère.

7 Answers will vary.

Leçon 7

5 1. bavarder 2. centre-ville 3. petit ami 4. épicerie 5. église 6. chic 7. jolie 8. actrice

6 a. 1 b. 5 c. 4 d. 2 e. 3

7 Answers will vary.

Leçon 8

vont au café. 3. Rachid a un examen de sciences po. 4. Valérie sert une soupe de poisson. 5. Amina et Sandrine boivent de l'eau minérale. 6. Valérie explique l'erreur de l'addition à Michèle./Michèle explique l'erreur de l'addition aux clients.

6 1. b 2. b 3. a 4. a 5. b

7 Answers will vary.

Leçon 9

5 1. a 2. b 3. c 4. c 5. c 6. b

6 Answers will vary.

7 Answers will vary.

Leçon 10

5 1. c 2. b 3. d 4. d 5. c

6 1. vrai 2. faux 3. faux 4. vrai 5. faux 6. faux

7 Answers will vary.

Unité 6

1 Answers will vary.
2 Checked items: 2, 3, 5
3 1. S 2. S 3. V 4. V 5. V 6. S 7. V 8. S
4 1. c 2. a 3. b 4. a 5. a

1 Answers will vary.
2 1. Sandrine 2. Paris 3. Washington 4. robe 5. jupe 6. soie
3 1. St 2. V 3. S 4. R 5. A 6. St 7. S 8. S 9. A 10. R 11. St 12. As 13. As 14. St
4 1. noirs 2. orange 3. grise 4. noir 5. vert 6. rouge 7. rose 8. rouges et jaunes
5 a. 2 b. 5 c. 4 d. 1 e. 3

Unité 7

1 Answers will vary.
2 Checked items: 2, 5, 8, 9, 10, 11, 12
3 1. vrai 2. vrai 3. faux 4. vrai 5. faux 6. faux 7. vrai 8. faux
4 1. valise 2. parents 3. chambre 4. vendredi 5. campagne 6. Paris
5 a. 2 b. 1 c. 6 d. 3 e. 5 f. 4

1 Answers will vary.
2 1. a 2. c 3. b 4. c 5. c
3 1. 143 € 2. 171 € 3. 39 €
4 1. S 2. S 3. A 4. A 5. S
5 1. b 2. b 3. a 4. c
6 Answers may vary slightly. 1. Elle a envie d'aller à Albertville. 2. Les chambres sont

Unité 8

1 Answers will vary.
2 Checked items: 2, 4, 5, 7, 9, 10, 11
3 1. la salle à manger 2. la cuisine 3. la chambre 4. la salle de bains 5. le salon/la salle de séjour

Leçon 11

5 1. vrai 2. faux 3. vrai 4. faux 5. vrai 6. faux
6 Answers will vary.
7 Answers will vary.

Leçon 12

6 Answers will vary. Suggested answers: 1. Elle prépare un gâteau et d'autres desserts. 2. Elle organise une fête surprise. Elle donne un blouson et des gants à Stéphane. 3. Ils préparent une blague. Ils achètent une montre pour Stéphane.
7 Answers will vary.

Leçon 13

6 1. Les parents de David sont arrivés jeudi soir. 2. David a passé quatre jours à Paris. 3. Pour Stéphane, les vacances idéales sont à Tahiti (à la plage). 4. David a donné des lunettes de soleil à Stéphane. 5. David pense que Sandrine est adorable. 6. Sandrine doit faire une réservation.
7 Answers will vary.

Leçon 14

trop chères. 3. Sandrine a besoin de réfléchir/ penser. 4. Amina fait une réservation pour Sandrine. 5. Pascal téléphone à Sandrine parce qu'il ne va pas à Albertville. 6. Sandrine est fâchée parce que Pascal a annulé pour Noël.
7 Answers will vary.

Leçon 15

4 1. R 2. D 3. R 4. R 5. R 6. D
5 1. visiter 2. salle à manger 3. pièce 4. cuisine 5. chambre 6. belle
6 Answers will vary.
7 Answers will vary.

Leçon 16

1 Answers will vary.

2 Checked items: 1, 2, 3, 5, 8, 9, 10, 12

3 1. c 2. a 3. b 4. c 5. a 6. c

4 1. c 2. a 3. d 4. b 5. e

5 1. St 2. St 3. V 4. M 5. X 6. X 7. M 8. M

6 Answers will vary. Possible answers: 1. Sandrine est de mauvaise humeur parce que c'est fini entre Pascal et elle. 2. Amina a de la chance parce qu'elle a son Cyberhomme. 3. Elle pense à David, parce qu'Amina dit qu'il est américain.

7 Answers will vary.

Unité 9

1 Answers will vary.

2 1. deux heures et demie 2. deux heures et quart 3. quinze 4. en retard 5. de sortir

3 Checked items: 2, 3, 5, 6, 9, 11, 13, 15

4 Order of answers may vary. **Les crêpes:** du beurre, du lait, des œufs, des champignons, du jambon, du fromage **Le bœuf bourguignon:**

Leçon 17

du bœuf, des carottes, des oignons **Le poulet à la crème:** du poulet, de la crème, des champignons, des pommes de terre

5 1. St 2. S 3. D 4. A 5. D 6. S 7. A 8. A

6 1. faux 2. vrai 3. faux 4. faux 5. vrai 6. vrai

7 Answers will vary.

Leçon 18

1 Answers will vary.

2 1. D 2. R 3. S 4. R 5. S 6. D 7. R 8. S

3 1. e 2. a 3. c 4. d 5. b 6. f

4 a. 5 b. 4 c. 2 d. 3 e. 1

5 1. e 2. a 3. b 4. c 5. f 6. f

6 Answers may vary. Possible answers: 1. Les roses sont des fleurs très romantiques. 2. Les chrysanthèmes sont pour les funérailles. 3. Sandrine a déjà choisi le vin pour son repas.

7 Answers will vary.

Unité 10

1 Answers will vary.

2 1. h 2. f 3. i 4. j 5. d 6. b 7. c 8. a 9. g 10. e

3 1. R 2. R 3. D 4. D 5. R 6. D

4 Checked items: 2, 3, 4, 7, 10, 11, 12, 14

Leçon 19

5 1. dents 2. peigne 3. douche 4. patience 5. gorge 6. yeux 7. rendez-vous 8. visage

6 1. faux 2. vrai 3. faux 4. faux 5. vrai 6. faux 7. vrai 8. faux

7 Answers will vary.

Leçon 20

1 Answers will vary.

2 1. A 2. St 3. B 4. B 5. St 6. R 7. D 8. A 9. St 10. D

3 c. 1 e. 2 d. 3 b. 4 a. 5

4 1. Rachid 2. David 3. Rachid 4. Rachid 5. David 6. David 7. Rachid 8. David

5 1. glace 2. reposer 3. semaine 4. médicaments 5. douleur 6. ordonnance

6 1. vrai 2. faux 3. faux 4. vrai 5. vrai 6. faux

7 Answers will vary.

Unité 11

1 Answers will vary.

2 Answers may vary. Possible answers: 1. un magnétoscope, un magnétophone 2. un site web 3. un fichier 4. un téléphone, un fax

Leçon 21

5. une imprimante, un fichier 6. un logiciel, un site web 7. un CD, une chaîne stéréo 8. un CD 9. un poste de télévision, un lecteur de DVD 10. un jeu vidéo

3 Checked items: 2, 3, 4, 7

4 1. s'entend 2. se dire 3. s'écrivent
4. se rencontrer 5. se donner

1 Answers will vary.

2 Checked items: 1, 2, 4, 6, 8

3 1. G 2. R 3. V 4. S 5. A 6. R 7. G 8. A

4 a. 2 b. 5 c. 1 d. 3 e. 4

5 1. faux 2. vrai 3. vrai 4. faux 5. faux
6. vrai 7. faux 8. vrai

6 Answers will vary. Possible answers: Rachid
et Amina sortent ensemble; Amina met

Unité 12

1 Answers will vary.

2 Checked items: 1, 2, 4, 6, 10, 11

3 1. tranches, salade 2. liquide, chèque 3. poste,
bijouterie 4. courses 5. boutique

4 a. 7 b. 8 c. 1 d. 3 e. 5 f. 4 g. 2 h. 6

1 Answers will vary.

2 1. endroit 2. indication 3. indication
4. indication 5. endroit 6. endroit
7. indication 8. endroit 9. indication
10. endroit

3 1. se trouve 2. loin 3. descendez 4. continuez
5. feu rouge 6. tournez 7. gauche 8. droite

Unité 13

1 Answers will vary.

2 1. As 2. St 3. St 4. V 5. As 6. St 7. V 8. St

3 1. été 2. réussi 3. inquiète 4. saura 5. auras
6. seront 7. prendre 8. réfléchi

4 a. 3 b. 4 c. 1 d. 2 e. 5

5 1. a 2. b 3. d 4. c 5. a 6. b

1 Answers will vary.

2 1. A 2. As 3. S 4. V 5. A 6. M 7. V 8. S

3 1. serait 2. faisais 3. finirait 4. pourrais
5. préférerais

4 1. e 2. a 3. c 4. d 5. b

5 1. R 2. S 3. D 4. S 5. V 6. D 7. R 8. A

6 Answers will vary.

7 Answers will vary.

Leçon 22

du maquillage; Amina s'inquiète de son
apparence; Rachid offre des fleurs à Amina;
Rachid ouvre la portière à Amina; Rachid
vérifie que la ceinture de sécurité d'Amina est
attachée; Rachid dit qu'Amina est très belle;
Amina est un peu timide.

7 Answers will vary.

Leçon 23

5 1. vrai 2. faux 3. faux 4. faux 5. faux 6. vrai

6 Answers will vary. Possible answer: Amina et
Sandrine parlent de Rachid et de David. Elles
ne cherchent plus de petit ami parce qu'elles
sortent maintenant avec Rachid et David.

7 Answers will vary.

Leçon 24

9. tout droit 10. traversez 11. en face de
12. à côté de

4 a. 4 b. 1 c. 2 d. 3; Stéphane

5 1. c 2. b 3. f 4. a 5. d 6. e

6 1. vrai 2. vrai 3. faux 4. faux 5. vrai

7 Answers will vary.

Leçon 25

6 Answers will vary. Possible answer: Michèle
cherche un nouveau travail. Elle a un entretien
pour un poste de réceptionniste. Elle n'a
pas l'intention de demander une lettre de
recommandation à Madame Forestier.

7 Answers will vary.

Leçon 26

5 1. vrai 2. vrai 3. vrai 4. faux 5. faux

6 Answers will vary. Possible answer: Michèle
demande une augmentation de salaire, mais
Valérie refuse. Michèle démissionne.

7 Answers will vary.

Unité 14

1 Answers will vary.

2 1. V 2. D 3. A 4. S 5. A 6. R 7. D 8. V

3 1. d 2. a 3. b 4. c

4 1. fera 2. pollution 3. air 4. campagne
5. besoin 6. reposer 7. devez 8. venir

5 1. faux 2. vrai 3. vrai 4. vrai 5. faux 6. vrai

6 Answers will vary. Possible answers: 1. David
rentre bientôt aux États-Unis. 2. Michèle a

1 Answers will vary.

2 1. D 2. A 3. S 4. St 5. V 6. R

3 a. 4 b. 1 c. 3 d. 5 e. 2

4 1. incendie 2. forêt 3. musée, sentier, protégé
4. gestion, montagne, forêt 5. préservation,
sauvetage, habitats, prévention

Unité 15

1 Answers will vary.

2 1. f 2. g 3. a 4. h 5. c 6. b 7. d 8. e

3 1. V 2. S 3. D 4. V 5. D

4 1. chanson 2. vouloir 3. dis 4. suffit
5. heureuse 6. Dommage

5 a. 5 b. 7 c. 2 d. 3 e. 4 f. 6 g. 1 h. 8

1 Answers will vary.

2 1. d 2. f 3. h 4. g 5. e 6. a 7. b 8. c

3 1. S 2. As 3. A 4. As 5. V 6. S 7. R 8. D

4 1. faux 2. faux 3. faux 4. vrai 5. vrai

Leçon 27

démissionné et Stéphane n'a pas réussi au bac.
3. Il parle de la pollution: des pluies acides,
du trou dans la couche d'ozone et de l'effet de
serre. 4. Il propose d'y aller parce que tout le
monde est un peu triste.

7 Answers will vary.

Leçon 28

5 1. c 2. b 3. a 4. a 5. a

6 1. vrai 2. faux 3. vrai 4. vrai 5. faux 6. vrai

7 Answers will vary.

Leçon 29

6 Answers will vary. Possible answer: Sandrine
chante très mal. David dit à Valérie que
Sandrine ne sait pas chanter. Sandrine entend
ce qu'il dit et se fâche.

7 Answers will vary.

Leçon 30

5 Answers will vary. Possible answer: Sandrine
n'est plus fâchée avec David. Elle a décidé de
devenir chef de cuisine au lieu d'être chanteuse,
alors elle a préparé un gâteau pour David.

6 Answers will vary.

Unité 1

1 Answers will vary.

2 a. 2 b. 4 c. 6 d. 8 e. 1 f. 7 g. 3 h. 5

3 1. family 2. friends 3. acquaintances
4. friends

4 1. vrai 2. vrai 3. faux 4. vrai 5. faux 6. faux

5 1. shake hands 2. kiss on the cheek 3. kiss on
the cheek 4. shake hands

6 Answers will vary.

Unité 2

1 Answers will vary.

2 1. endroit 2. cours 3. endroit 4. cours
5. endroit 6. endroit 7. endroit 8. endroit
9. cours 10. cours 11. cours 12. cours

3 a. 1 b. 5 c. 2 d. 6 e. 7 f. 3 g. 4

4 Checked items: 2, 5, 6, 8, 9

5 1. b 2. a 3. f 4. d 5. c 6. e

6 Answers will vary.

Unité 3

2 Answers will vary.

3 **Personnes:** fils, copain, enfant, garçon, ami, fille
Adjectifs: petit, marié, jeune, célibataire, gentil,
sportif

4 Check marks: 2, 3, 4, 5, 7, 10, 11, 12, 14

5 1. quatre, cinq 2. sportifs 3. mariée, célibataire
4. romantique 5. chien 6. neveu

6 Answers will vary.

Unité 4

2 Answers will vary.

3 1. nourriture 2. nourriture 3. boisson
4. nourriture 5. boisson 6. boisson
7. nourriture 8. boisson 9. nourriture
10. nourriture 11. nourriture 12. nourriture

4 These items should be checked: 1, 2, 6, 8,
9, 11

5 1. e, 2. a, 3. d, 4. b, 5. c

6 Answers will vary.

Unité 5

1 Answers will vary.

2 Answers will vary.

3 a. 4 b. 6 c. 2 d. 3 e. 5 f. 1 g. 10 h. 7
i. 8 j. 9

4 Answers will vary. Possible answers: **À
l'intérieur:** faire de la musique, dessiner, aller
au cinéma, faire de la gym, danser **En plein
air:** faire de la planche à voile, faire du vélo,
jouer au tennis, nager, faire une randonnée

5 Answers will vary. Possible answers: 1. a
recreation center for young people 2. a game
in which people toss metal balls

6 Answers will vary.

Unité 6

2 Answers will vary.

3 a. 4 b. 3 c. 2 d. 5 e. 1

4 1. a 2. e 3. b 4. c 5. d 6. f

5 1. janvier 2. printemps 3. juillet 4. décembre
5. juin

6 1. faux 2. vrai 3. faux 4. faux 5. faux

7 Answers will vary.

Unité 7

1 Answers will vary.

2 Answers will vary.

3 1. e 2. c 3. a 4. h 5. g 6. f 7. d 8. b

4 a. 2 b. 5 c. 1 d. 6 e. 4 f. 3

5 1. avion, TGV 2. gares, région 3. routière, car 4. autobus, taxi 5. argent, auberges de jeunesse 6. manger, verre, gens

6 Answers will vary.

Unité 8

1 Answers will vary.

2 Answers will vary.

3 a. 5 b. 4 c. 3 d. 2 e. 1

4 a. 5 b. 4 c. 1, 2 d. 2 e. 3

5 1. vieille ville, quartier, résidences, logements 2. banlieue, maisons, moderne

6 Answers will vary.

Unité 9

1 Answers may vary.

2 Answers will vary.

3 Check: 1, 2, 4, 5, 6, 7, 8, 10, 12, 14, 15

4 1. place 2. marché 3. légumes 4. tomates 5. délicieuses 6. fleurs 7. pique-nique 8. pain

5 Answers will vary.

Unité 10

1 Answers will vary.

2 1. brosse à dents, dentifrice 2. aspirine 3. shampooing 4. rasoir, crème à raser 5. pharmacie 6. médicaments

3 1. (a) malade (b) médicaments (c) pharmacie (d) verte 2. (e) se sentir (f) beau 3. (g) rester (h) forme

4 Answers will vary. Possible answer: le maquillage, le shampooing, les rasoirs, les brosses à dents, le dentifrice, le savon

5 Answers will vary. Possible answers: une pharmacie, un salon de beauté, un coiffeur, une parfumerie, un centre ou un institut de beauté

6 Answers will vary.

Unité 11

1 Answers will vary.

2 Answers will vary.

3 1. g 2. a 3. c 4. f 5. b 6. h 7. d 8. e

4 1. circulation 2. voiture, essence 3. conduire 4. se garer, roule 5. péage 6. permis 7. auto-école, route 8. marcher

5 a. 2 b. 4 c. 1 d. 3

6 Answers will vary.

Unité 12

1 Answers will vary.

2 1. bureau de poste 2. timbres 3. cartes postales 4. boîte aux lettres 5. distributeur automatique 6. argent 7. marchand de journaux 8. commerces

3 Items should be numbered in this order: d, h, a, i, j, g, l, k, b, e, f, c

4 1. vrai 2. faux 3. faux 4. vrai 5. vrai

5 Answers may vary. Possible answers: 1. au bureau de poste 2. à la librairie/à la papeterie 3. au salon de coiffure/salon de beauté 4. à la boucherie 5. à la laverie 6. à la boulangerie 7. au salon de beauté 8. chez le marchand de journaux

6 Answers will vary.

Unité 13

1 Answers will vary.

2 Answers will vary.

3 a. 4 b. 5 c. 9 d. 2 e. 3 f. 10 g. 1 h. 6
i. 7 j. 8

4 1. c 2. d 3. a 4. b

5 1. professions 2. pompier 3. infirmière
4. métiers 5. banquier

6 Answers will vary.

Unité 14

1 Answers will vary.

2 1. la France 2. la Suisse 3. la Belgique
4. le Sénégal 5. l'Algérie

3 1. g 2. f 3. e 4. b 5. d 6. a 7. c

4 1. montagne Sainte-Victoire 2. îlot,
nord 3. vallée, château, jardins 4. plages,
incroyables 5. Alger, Afrique 6. port
7. européen, Place, chocolats

5 1. Tahiti 2. le Québec 3. la cathédrale de
Notre-Dame 4. Nice, Cannes 5. Montréal
6. la Nouvelle-Orléans 7. Papeete 8. Dakar
9. Bruxelles

6 Answers will vary.

Unité 15

1 Answers will vary.

2 Answers will vary.

3 1. cinéma 2. comédie 3. film 4. originale
5. anglais 6. tickets 7. prix 8. étudiants

4 a. 4 b. 2 c. 5 d. 1 e. 6 f. 3

5 Answers will vary.

6 Answers will vary.